Preparación para entrevistas de trabajo y habilidades de conversación

2 libros en 1

Triunfa en tu próxima entrevista de trabajo, se carismático, atrayente y resalta tus habilidades de conversación

Preparación para la entrevista de trabajo

Técnicas probadas para conseguir el trabajo que desee y de destacar entre la multitud. Además respuestas a las preguntas más difíciles de la entrevista

Tabla de Contenido

Introducción 7

Capítulo 1—Consigue la Entrevista 11

    Cómo Obtener Más Entrevistas De Trabajo Inmediatamente 11

    Tips Para Construir Un Currículum Que Pueda Hacer Que Te Contraten. 16

Capítulo 2—Vístete Para Conquistar 24

    Qué Ponerse Si Eres Hombre. 24

    Qué Ponerse Si Eres Mujer. 28

    Seis Cosas Que No Debes Usar En Una Entrevista 30

    La Verdad Sobre Los Tatuajes Y Los Piercings 32

Capítulo 3—Prepárate Como Un Campeón 37

    Cómo Vencer La Ansiedad Y El Nerviosismo 37

    Nueve Cosas Que Debes Investigar Para Tu Entrevista. 42

    Otras Formas Vitales De Prepararte Para Tu Entrevista De Trabajo. 47

Capítulo 4—Preguntas y Respuestas 52

    10 Preguntas De Entrevista Comunes Y Cómo Superarlas. 52

    Manejando Las Preguntas Difíciles Como Un Campeón. 58

Capítulo 5—Crea Una Gran Primera Impresión 64

    Ocho Cosas Que Debe Hacer Para Causar Una Espectacular Primera Impresión. 64

    Cómo Destacar Instantáneamente Entre Los Demás Candidatos. 69

    Lenguaje Corporal Convincente Que Te Pone Por Delante Del Juego. 72

Capítulo 6—Supera La Entrevista Con Éxito................................ 75

11 Cosas Que Tu Futuro Empleador Quiere Escuchar. 75

Ocho Cosas Que No Querrás Decir En Una Entrevista De Trabajo. 77

10 Habilidades Blandas Y Cómo Demostrarlas. 79

Capítulo 7—Detalles Finales.. 85

11 Grandes Preguntas Para Hacer Al Gerente De Contrataciones. 85

Una Guía Esencial Para Las Negociaciones Salariales. 89

Qué Hacer Cuando Te Preguntan Algo Que Te Toma Desprevenido. 92

¿Está bien mentir? ¿Cuándo está bien mentir en una entrevista? 93

Capítulo 8—El Futuro Está Esperando.. 97

Qué Hacer Después De La Entrevista De Trabajo. 97

¡Conseguiste el Trabajo! ¿Ahora Qué? 99

Cómo Transformar Un Rechazo En Algo Positivo. 102

Conclusión 107

Introducción

Para la mayoría de nosotros, tuvimos que aprender a gatear antes de poder aprender a caminar. Lo mismo ocurre con la búsqueda del trabajo de tus sueños. Antes de que puedas conseguir el trabajo que siempre has querido, tendrás que conseguir una entrevista para el trabajo. Y luego tendrás que superar esa entrevista, aprobándola con éxito y posicionándote por encima de otros candidatos para el mismo trabajo. Muchos grandes candidatos han perdido oportunidades de trabajo porque no pudieron conseguir entrevistas o porque no obtuvieron nada en las entrevistas que tuvieron. Quizás no tenían una hoja de vida que se destacara por encima de otros candidatos. Quizás les faltaba la carta de presentación. Quizás no se vistieron apropiadamente para la entrevista. Tal vez no se prepararon adecuadamente. Tal vez se desconcertaron por una pregunta en la entrevista o tal vez dijeron algo equivocado. Tal vez, tal vez, tal vez... En la obtención y posterior realización de entrevistas, es extremadamente importante que tengas un plan y un proceso que te dé la mejor oportunidad posible de conseguir el trabajo que estás buscando.

En este libro, voy a darte las herramientas y técnicas que necesitarás para conseguir entrevistas para los trabajos que te interesan. También te diré las cosas que tendrás que hacer en la entrevista como tal, incluyendo cómo prepararte para las preguntas, cómo vestirte, cómo lidiar con preguntas difíciles, qué preguntas hacer a los posibles empleadores, cómo abordar y negociar el salario, y qué hacer en el seguimiento después de la entrevista. En resumen, te diré cómo posicionarte por encima de otros candidatos que están solicitando el mismo trabajo.

Preparación para entrevistas de trabajo

Me llamo David Allen. Soy un experto en cómo conseguir un trabajo. Tengo años de experiencia como director de recursos humanos para múltiples compañías en diferentes industrias. También he trabajado como reclutador, reclutando gente para llenar varios puestos de trabajo corporativos. Y, finalmente, también trabajo como asesor de carrera, ayudando a las personas a encontrar trayectorias profesionales óptimas o trabajos que les permitan vivir vidas felices, saludables y exitosas. A lo largo de los años, he notado que mucha gente no puede conseguir los trabajos que quieren, simplemente porque no saben cómo conseguir entrevistas, cómo prepararse para las entrevistas o cómo desempeñarse en la entrevista misma. Muchos de mis clientes, que han tenido éxito gracias a los conocimientos que les he dado, me han animado a detallar mis conocimientos en forma de libro. Con este libro lo he logrado, con la esperanza de poder ayudar a mucha más gente en sus esfuerzos por conseguir los trabajos que desean.

Si puedes implementar algunos de los consejos y técnicas que estoy proporcionando en este libro, mejorarás tus posibilidades de conseguir entrevistas para los trabajos que te interesan y, posteriormente, obtener los trabajos que realmente quieres. Como asesor de carreras profesionales, he trabajado con clientes que durante años han intentado conseguir las entrevistas o los trabajos que les interesan. Estos clientes vinieron a mí porque no tuvieron éxito en sus intentos y querían saber cómo podrían mejorar sus posibilidades de conseguir los trabajos que buscaban. Al seguir algunas de las simples recomendaciones y pasos que les di, estos clientes inmediatamente se dieron cuenta que tenían más éxito en conseguir entrevistas y en los resultados de las mismas. Muchos de estos clientes no sabían lo que estaban haciendo mal, las cosas que les hacían fracasar en sus intentos. Con algunos simples ajustes, pude ayudar a estos clientes a conseguir los trabajos que deseaban.

Ya sea que estos clientes estuvieran buscando un trabajo en el que ganaran más dinero, encontrar un trabajo que utilizara sus talentos más adecuadamente, o encontrar un trabajo que tuviera un mejor ambiente de trabajo, yo pude guiarlos en la dirección correcta y trabajar con ellos en el desarrollo de un plan o un proceso que les permitiera tener éxito en su búsqueda del trabajo que querían. A través de los años, he recibido correos electrónicos, llamadas telefónicas y notas escritas a mano agradeciéndome mi ayuda en este proceso. Algunos de mis clientes incluso me han dicho que la información y los consejos que les he dado han cambiado su vida. Espero sinceramente que pueda tener el mismo impacto en tu búsqueda de trabajo y posiblemente hasta en tu carrera. Estaré encantado de recibir una nota tuya algún día, pronto, diciéndome que en este libro te proporcioné consejos y técnicas que usaste para conseguir el trabajo de tus sueños.

Si lees este corto libro y sigues los consejos y técnicas que te he proporcionado, te aseguro que aumentarás tus posibilidades de conseguir una entrevista de trabajo y también aumentarás las posibilidades de conseguir el trabajo. Antes de que puedas conseguir el trabajo que realmente quieres, tendrás que conseguir la entrevista. Pasos de bebé... Tendrás que aprender a gatear antes de poder aprender a caminar. Y luego, una vez que consigas la entrevista, hay algunas maneras seguras de asegurarte de que puedes dar lo mejor de ti mismo en ella. Conseguir un trabajo es una actividad que requiere un plan y un proceso. A lo largo de este libro, te animaré a que desarrolles un plan sólido y luego te concentres más en el proceso de ser tu mejor yo al tratar de conseguir el trabajo que quieres, en vez de concentrarte en los resultados de tus esfuerzos. Si puedes desarrollar un plan basado en mis recomendaciones y luego trabajar en ese plan, te aseguro que mejorarás tus posibilidades de conseguir el trabajo que realmente quieres.

He leído antes que los libros de autoayuda o de instrucciones de este tipo generalmente ignoran dos tipos diferentes de llamadas a la acción: Algunos lectores introducirán el conocimiento que se ofrece en las regiones remotas de sus bancos de memoria, diciendo que pondrán en práctica esas ideas en una fecha posterior, en cuanto se les ocurra. En su mayoría, estas personas generalmente no tienen éxito en sus intentos, ya que "la vida pasa"/el tiempo pasa y nunca llegan a implementar el plan que dijeron que algún día implementarían. El otro tipo de lector es el que tomará la información obtenida y la implementará inmediatamente. Sólo espero que seas este tipo de lector, ya que estas son las personas que tienen más probabilidades de tener éxito en sus intentos. Si implementas inmediatamente los consejos de este libro que son apropiados para ti, tendrás muchas más probabilidades de tener éxito en la obtención de entrevistas y empleos. No, no puedo garantizar que obtendrás el trabajo que te interesa, pero sí te garantizo que tendrás una oportunidad mucho mejor de hacerlo. De nuevo, la clave será centrarse en el proceso de conseguir entrevistas y trabajos en comparación con los resultados.

Se ha comprobado que los consejos y técnicas de este libro son exitosos. Si te tomas el tiempo de leer este corto libro y luego implementas un plan basado en la información que el libro proporciona, aumentarás tus posibilidades de conseguir las entrevistas y los trabajos que realmente quieres. Cada capítulo de este libro tiene consejos y técnicas específicas que pueden ayudarte a tener éxito en tus esfuerzos de búsqueda de trabajo. Así que, dicho esto, ¡vamos a por ello!

Preparación para entrevistas de trabajo

Capítulo 1—Consigue la Entrevista

Buscar un trabajo puede ser una tarea desalentadora. Puede ser tedioso, estresante y decepcionante. Pero, al dividirla en tareas concretas, puedes lograr un progreso sustancial en poco tiempo. Como se mencionó anteriormente, no podrás conseguir un trabajo a menos que consigas una entrevista primero. Teniendo esto en cuenta, este capítulo describe las mejores maneras de asegurarse de que consigas las entrevistas.

Cómo Obtener Más Entrevistas De Trabajo Inmediatamente

Siempre que trates de conseguir una entrevista con un posible empleador, es extremadamente importante que tengas en cuenta que, en casi todos los casos, serás una de las múltiples personas que solicitan ese trabajo. Con esto en mente, vas a tener que asegurarte de que destaques entre los demás solicitantes.

En primer lugar, deberías determinar exactamente qué tipo de puesto quieres solicitar y también, si es posible, para qué tipo de empresa te gustaría trabajar. Por ejemplo, si tienes experiencia en marketing y estás interesado en un trabajo de marketing, te sugeriría que redujeras tu búsqueda dentro de esos parámetros. Un cliente mío, que buscaba un cambio de trabajo, tenía experiencia en marketing de restaurantes para dos cadenas de restaurantes con franquicias diferentes. Disfrutaba de diferentes aspectos de ambos trabajos; sin embargo, se había estancado con la compañía de restaurantes para la que trabajaba. Por lo tanto, al darse cuenta de que disfrutaba trabajando en la industria de los restaurantes y la hostelería, y también al darse cuenta de que las empresas dentro de la industria de los restaurantes valorarían su experiencia, mi cliente optó por buscar un trabajo dentro de la industria de los restaurantes. Para reducir aún más el campo, se dio cuenta de que su experiencia de trabajar para una empresa de franquicias sería particularmente atractiva para otra empresa de restaurantes en franquicia.

Por lo tanto, se dirigió a las empresas de restaurantes en su búsqueda de trabajo y redujo el campo aún más al seleccionar algunas empresas de restaurantes franquiciados en su búsqueda. Era plenamente consciente de las cosas que podía aportar a una empresa de restaurantes o a una empresa con franquicia que otros solicitantes no podrían ofrecer. Así que, en lugar de solicitar ser una persona de marketing en una empresa tecnológica o una empresa de arquitectura en la que no tenía experiencia (y no mucho interés), mi cliente decidió dirigirse a grupos de restaurantes franquiciados. Además, cabe destacar que se dirigió a unas pocas empresas que consistían en su mayoría en restaurantes de propiedad de la empresa y a unas pocas empresas de otras industrias franquiciadas, incluyendo una cadena de gimnasios y una cadena de imprentas franquiciadas. En otras palabras, mi cliente hizo un inventario personal de su experiencia y sus gustos y luego utilizó esa información para determinar los tipos de empresas a las que quería presentar solicitudes.

Una vez que lo hizo, ajustó su currículum para que se adaptara a esa industria, o a esas empresas en particular. Por ejemplo, con las cadenas de gimnasios en franquicia, mencionó al principio de su currículum que tenía una experiencia considerable en el trabajo con franquiciados de todas las diferentes áreas del país. Estaba consciente de que la cadena de gimnasios, que había comenzado en un área de la compañía, se estaba expandiendo a otras áreas del país y se dio cuenta de que esta experiencia de trabajar con franquiciados en diferentes áreas del país probablemente sería particularmente valiosa para la compañía en la que estaba interesado en trabajar. Aunque te daré consejos adicionales sobre cómo desarrollar un currículum que se destaque más adelante en este capítulo, te diré ahora que será muy importante que continúes ajustando tu currículum en función de las empresas a las que lo envíes. No, no puede desarrollar un currículum, hacer 100 copias de ese currículum y luego enviarlo por cada trabajo en el que estás interesado. Si quiere tener éxito en las entrevistas, tendrás que seguir afinando tu currículum para cada empleo que solicites.

Otra forma de asegurarte de que conseguirás más entrevistas será preparar y actualizar tus materiales personales de marketing incluso antes de empezar a enviar los currículos. ¿Tienes tarjetas de presentación que puedas repartir en eventos de redes de contactos o en cualquier momento en que conozcas a alguien que podría ser una posible fuente de empleo para ti? ¿Tienes un perfil en LinkedIn? (Si no, deberías tener uno.) Si tienes un perfil en LinkedIn, ¿has actualizado ese perfil? ¿Estás presente en las plataformas de medios sociales como Facebook, Instagram y Twitter? Si es así, ¿te transmiten esos sitios como una persona que sería un activo para una compañía que está contratando? ¿Existe alguna información negativa en esos sitios que pueda afectar tus posibilidades de conseguir un trabajo? Si es así, ¿puede esa información ser eliminada? O, si no se puede eliminar, ¿es algo que se puede abordar o justificar si un posible empleador te pregunta sobre ello en una entrevista? ¿Tienes tu propia página web personal o un sitio de blog? Si no es así, ¿son estas cosas las que podrían ayudarte a conseguir un nuevo trabajo? Si tienes una página web personal o un blog, asegúrate de que esos sitios reflejen una imagen positiva para un posible empleador.

Al tratar de determinar qué empresas podrían estar contratando, es importante tener en cuenta que un número extraordinario de ofertas de trabajo no se anuncian. He visto investigaciones que demuestran que más del 90% de los empleos no se anuncian. Aunque esto me parece un poco elevado, no hay que perder de vista la importancia del planteamiento... La mayoría de los puestos de trabajo no se anuncian. Teniendo esto en cuenta, te diré que aunque es ciertamente importante que busques en las páginas web de empleo cuando busques trabajo, nunca debes detenerte ahí. Las empresas a menudo no anuncian los puestos en las bolsas de trabajo porque no quieren verse inundadas de currículums, muchos de ellos de candidatos que no están calificados. Otras empresas prefieren solicitar sus propios candidatos a través de anuncios internos o buscando currículos en LinkedIn u otras plataformas de trabajo y luego invitando a los candidatos calificados a una entrevista. Otras empresas contratarán a reclutadores, a menudo denominados cazatalentos, para que les traigan candidatos.

Y, finalmente, en tus esfuerzos por averiguar sobre las ofertas de trabajo y las entrevistas seguras, te recomiendo fervientemente que establezcas una red de contactos. Contactos, contactos, contactos. Aunque no participe regularmente en ningún grupo de redes u organizaciones profesionales, te animo a que tengas una "mentalidad de networking", lo que significa que le dices a la gente de manera consistente sobre los puestos que estás buscando. Siempre me gusta contar la siguiente historia, que viene de un cliente mío. Ella estaba buscando un trabajo de contabilidad en una importante cadena de tiendas minoristas. Su investigación le había dicho que esta compañía era una gran empresa para trabajar; sin embargo, no tenía contactos allí y no había manera de hacerse visible para conseguir una entrevista. Se acostumbró a decirle a la mayoría de la gente que conocía que estaba interesada en conseguir una entrevista con esta empresa en particular a la que se había dirigido. Eventualmente, cuando estaba en su salón de belleza, le mencionó esto a su estilista. La estilista le respondió que su cuñado era uno de los jefes de contabilidad de la empresa en la que mi cliente estaba interesada. La estilista le pidió una tarjeta de presentación para dársela a su cuñado y mi cliente accedió gustosamente. Menos de una semana después, mi cliente recibió una llamada del cuñado de la estilista. Esta llamada resultó en una entrevista. Después de una serie de entrevistas, mi cliente está ahora felizmente empleada en la empresa a la que se dirigió. La moral de la historia: Red de contactos, correr la voz, no ignorar ninguna fuente posible. ¿Quién hubiera pensado que un contacto con una peluquera podría llevar a un puesto contable en una gran cadena de tiendas? Pero así fue. Si te has dirigido a empresas específicas para las que quieres trabajar, no dudes en preguntar a cualquier persona que conozcas si conoce a alguien dentro de esa empresa.

Otro enfoque obvio para conseguir entrevistas con una empresa específica es simplemente averiguar quién es el gerente de contratación de esa empresa y luego llamarlos. Si tienes suerte, podrás hablar directamente con el gerente de contratación. De lo contrario, es posible que tengas que pasar por el portero o la secretaria para averiguar si hay alguna vacante actual. Incluso si no hay vacantes actuales, te animo a que envíes una carta de solicitud directamente al director de contrataciones y que expreses tu interés en trabajar en la empresa. Pídales que se pongan en contacto con usted siempre que haya una vacante. Y otra nota importante: Si hay un portero y tienes la sensación de que el portero no está enviando tu información al gerente de contrataciones, podrías tratar de llamar justo antes o poco después de las horas normales de trabajo antes de que el portero llegue o antes de que se vaya por el día. Muchos de mis clientes han encontrado que esos momentos antes o después de las horas normales de trabajo son los mejores para comunicarse con los gerentes de contratación directamente por teléfono.

Y, ya sea que no puedas evitar al encargado o que el gerente de contrataciones te diga que no hay vacantes actuales, siempre es importante que hagas un seguimiento de alguna manera, ya sea con una llamada telefónica o una nota personal de "gracias por tu tiempo". Sé persistente sin convertirte en una molestia. Tu objetivo en cualquier seguimiento debe ser transmitir que tienes un interés sincero en entrevistarte con esa compañía o en trabajar para ella y para crear una conciencia de primera opción como posible candidato. Este pequeño gesto de seguimiento puede a veces colocarte por encima de otros candidatos cuando se abre un puesto de trabajo.

Tips Para Construir Un Currículum Que Pueda Hacer Que Te Contraten.

Usualmente tu currículum será un elemento clave para determinar si puedes conseguir una entrevista o no. Al desarrollar tu currículum, debes recordar que a menudo se comparará con los currículums de otros candidatos. Con esto en mente, querrás asegurarte de que tu currículum se destaque en comparación con los demás. Aquí hay algunos consejos básicos que puedes utilizar para construir un currículum que hará que te contraten:

Antes de crear tu propio currículum, deberías revisar otros ejemplos de currículums, que son muy fáciles de encontrar en Internet. Si estás buscando un trabajo en industrias específicas, te sugiero que también busques currículos de estas industrias para ver lo que otras personas están haciendo en la misma rama. (LinkedIn es un gran lugar para ver currículums de personas dentro de industrias específicas).

Después de revisar varios ejemplos de currículos, deberías averiguar qué plantillas de currículos estándar están disponibles. Puedes encontrar plantillas de currículum simplemente buscando "plantillas de currículum vitae gratuitas" en internet. Además, como muchos de nosotros tenemos Microsoft Word, ese programa de software tiene plantillas de currículum gratuitas disponibles. Echa un vistazo a algunas de estas plantillas y determina una plantilla que funcione para ti.

Una de las claves en el desarrollo de cualquier currículum es hacer que sea fácil de leer. Esto significa que debes utilizar un estilo de letra simple, como Helvética, Times Roman, Arial o Calibri. Nada demasiado elegante. El tamaño de la fuente debe ser generalmente de 10 o 12 puntos, nada más pequeño. Debes limitar tu currículum a una o dos páginas, nada más. Si deseas usar resaltes de color y letra negrita o cursiva en algunas áreas, debes sentirte libre de hacerlo, siempre y cuando no uses demasiado estas funciones. He recibido currículos anteriores que estaban cargados de negritas, letras mayúsculas, a veces resaltados con colores y subrayados. Al ver estos currículums, a menudo he sentido que el remitente me grita, intentando con demasiada fuerza llamar mi atención.

Al redactar tu currículum, debes recordar que en la mayoría de los casos estarás ajustando o modificando cada uno de los currículos que envíes, dependiendo del trabajo que estés solicitando. Al personalizar tu currículum para una solicitud de empleo en particular, te animo a que leas el anuncio o la descripción del puesto y luego tomes nota de las palabras clave dentro de ese anuncio. Esas palabras clave deberían darte una buena idea de las cualidades o experiencia que el empleador está buscando en el empleado que contrata. Luego deberías tratar de incluir algunas de estas palabras clave tanto en tu currículum como en tu carta de presentación, sin que sean demasiado obvias. Además, si estás solicitando un trabajo en una compañía más grande o en una sucursal de una compañía más grande, debes recordar que muchas compañías ahora están usando un bot de software para leer inicialmente tu currículum antes de que sea pasado a un humano. Algunos de estos bots de software están programados para buscar palabras clave. Esa es otra razón por la que es importante incluir las palabras clave del empleador en tu currículum.

Al enumerar la información en tu currículum vitae, también haz un esfuerzo por enumerar primero la información importante y relevante. En otras palabras, si tienes 40 años de edad, más de 20 años retirado de la escuela secundaria, no debes listar tus logros en la escuela secundaria cerca de la parte superior de tu currículum. Enumera la experiencia, los logros, la información que es más relevante para el trabajo que estás solicitando. En la lista de tus logros, enuméralos siempre que sea posible. Por ejemplo, si tuviste experiencia como vendedor anteriormente, en lugar de sólo decir que eras el vendedor de la región central norte, podrías señalar que aumentaste las ventas en un 32% durante el período de dos años en la región central norte de la que eras responsable. O bien, si formabas parte de un equipo de ventas de 13 personas y fuiste el vendedor del año de la empresa, debes tomar nota de ello. Cuanto más específico puedas ser, más tus talentos y logros resonarán en el futuro empleador.

Además, debes utilizar un lenguaje activo/poderoso siempre que sea posible para describir tus logros. Palabras como "alcanzado", "ganado", "logrado" y "completado" son ejemplos de palabras de poder que pueden ser usadas para delinear los alcances y logros en su currículum.

Y asegúrate de que tu currículum incluya tu información de contacto. (Número de teléfono, dirección de correo electrónico, etc). Va a ser difícil para ti conseguir una entrevista si el posible empleador no sabe cómo contactarte.

Y finalmente, por favor revisa tu currículum y tu carta de presentación varias veces para asegurarte de que no haya errores tipográficos o de otro tipo. Te sugiero especialmente que hagas que otras personas revisen tu currículum en busca de errores. Los errores, sobre todo los errores tipográficos, son totalmente inaceptables en los currículums y sé que los gerentes de contratación descartarán cualquier currículum que tenga errores obvios. La sensación es que si no puedes prestar atención a los detalles en un currículum o una carta de presentación, entonces es posible que no puedas prestar atención a los detalles en el trabajo para el que el empleador está contratando. Si no conoces a nadie que sea capaz de corregir tu currículum y carta de presentación y si no puedes hacerlo tú mismo, entonces te sugiero que contrates a un corrector de pruebas independiente para que lo haga por ti. Upwork es un sitio independiente en el que podrías contratar a un corrector de pruebas, por unos 5 o 10 dólares. Fiverr es otra compañía que es una plataforma para los freelancers, incluyendo a los correctores de pruebas.

Cartas De Presentación: Por Qué Necesitas Una Y Cómo Hacer La Tuya Irresistible.

Mientras que los currículos deben contener "sólo los hechos", las cartas de presentación le ofrecen oportunidades adicionales para hacer una "propuesta" para el trabajo. Las cartas de presentación te permiten ampliar algunos de los datos que has incluido en tu currículum. Las cartas de presentación te permiten ampliar algunos de los datos que has enumerado en tu currículum. Te dan la oportunidad de expresar tu sincero interés en la oferta de trabajo y explicar por qué eres un buen candidato para el puesto. Además, las cartas de presentación te permiten mostrar algo de tu personalidad y establecerte como alguien que se destaca por encima de los otros candidatos que solicitan el mismo trabajo.

Algunos solicitantes de empleo cometen el grave error de ignorar la importancia de la carta de presentación, pensando que el gerente de contratación no se tomará el tiempo para leerla. Puedo decirte inequívocamente que las cartas de presentación sí son leídas por los posibles empleadores y nunca debes ignorar su importancia. Debes redactar una carta de presentación nueva para cada empleo que solicites.

Aquí hay algunos consejos para considerar al escribir esas cartas de presentación:

En primer lugar, es necesario identificar a la persona a la que se envía la carta de presentación y anotar su nombre en el saludo de la carta. Las cartas dirigidas a "A quien pueda interesar" o a "Gerente de contratación" no van a ser de gran ayuda. Obtén el nombre (y la forma correcta de escribirlo) de la persona que está haciendo la contratación, incluso si tienes que hacer una llamada telefónica para obtener esta información. Si, por casualidad, no puedes conseguir un nombre por cualquier razón, deberías al menos conseguir el título de la persona que está haciendo la contratación. (Por ejemplo, Director de Marketing, Director de Recursos Humanos, Gerente de Contabilidad, etcétera).

Al escribir tu carta de presentación, asegúrate de ir más allá de tu currículum. Si sólo vas a repetir toda la información que está en tu currículum, entonces estás disminuyendo el propósito de la carta de presentación. Si hay algo en tu currículum que te gustaría ampliar, la carta de presentación te ofrece la oportunidad de hacerlo. Aunque no querrás utilizar toda la carta de presentación para ampliar algo de tu currículum, la carta de presentación te ofrece una breve oportunidad para hacerlo.

Ayudará si puedes crear una gran línea de inicio para tu carta. Tanto si tienes una gran línea de apertura como si no, al principio de tu carta de presentación debes indicar por qué crees que eres un buen candidato para el puesto que está abierto. Como ejemplo, aquí hay una línea de apertura de alguien que está solicitando un puesto de gestión en una librería de Barnes & Noble. "Me emocionó saber que tienes una vacante para un puesto de dirección en Barnes & Noble. He sido un fan y un cliente fiel de Barnes & Noble durante muchos años y, con mi experiencia de gestión anterior, siento que puedo aportar mucho como gerente de Barnes & Noble". En esta línea de apertura, notarás que el solicitante expresa su interés y entusiasmo por el trabajo que está abierto. También se establece como alguien que está familiarizado con la empresa y le encanta el concepto. (Es difícil despedir rápidamente a alguien que es un cliente leal, ¿verdad?) Y luego, el candidato destaca que tiene experiencia en la gestión y señala que cree que puede convertirse en una parte valiosa del equipo de Barnes & Noble. Y lo hace con un tono casual, sin ser ridículamente formal. En dos frases, ha logrado mucho.

Al escribir tu carta de presentación, es importante que conozcas las palabras clave que el posible empleador ha utilizado en su anuncio de trabajo. En el anuncio de empleo de Barnes & Noble, la empresa había declarado que buscaba a alguien con experiencia en gestión. Como resultado, la candidata se apresuró a mencionar su experiencia en gestión en su carta de presentación. Otro ejemplo sería si un posible empleador dice que está buscando contratar a un empleado comprometido que puede ser una parte valiosa del equipo. Las palabras clave aquí son "comprometido" y "equipo". Teniendo esto en cuenta, tu carta de presentación podría mencionar que eres una persona muy trabajadora y que trabajas bien con los demás como parte de un equipo. Al reiterar las palabras clave de la publicación del empleo, estarás reforzando que eres una buena persona para su trabajo.

En tu carta, debes explicar por qué eres más apto que cualquier otra persona que esté solicitando el mismo puesto. Si no tienes la experiencia o las credenciales que te piden, entonces vas a tener que hacer hincapié en menos activos tangibles, como la actitud positiva, la ética de trabajo, la lealtad como miembro del personal, etcétera. Al hacer esto, te recomiendo que no señales o menciones tu falta de experiencia o credenciales. Deja que el posible empleador lo descubra por sí mismo. En lugar de decir, "Aunque no tengo mucha experiencia...", deberías decir, "Estoy dispuesto a trabajar duro para convertirme en un miembro inestimable del equipo" o "Como le diría mi anterior supervisor, tengo una actitud positiva de 'puedo hacerlo', soy un empleado leal y trabajo bien con los demás". Una vez más, no te disculpes por la falta de experiencia o credenciales. Identifica las palabras clave de la oferta de empleo que se aplican a ti y luego resalta los atributos que tienes que se corresponden con esas palabras clave. (Si no te ajustas a ninguna o a muchas de las palabras clave del anuncio de empleo, es posible que no encajes en el puesto).

Además, al crear tu carta de presentación, por favor recuerda enfatizar "lo que puedes hacer por la compañía" en vez de "lo que la compañía puede hacer por ti". El gerente de contratación ya sabe lo que la empresa puede hacer por ti. Tu enfoque debe ser decirles lo que puedes aportar si te contratan. Los gerentes de contratación no quieren escuchar que sus trabajos alimentarán a tu familia, te permitirán obtener el auto deportivo que siempre has querido, o te colocarán en el camino de la carrera que quieres seguir. En lugar de eso, necesitas resaltar lo que puedes hacer por ellos y su compañía.

Y, de manera similar a las recomendaciones hechas para las hojas de vida, si tienes la oportunidad de usar números para ilustrar tus éxitos pasados, deberías hacerlo. (Por ejemplo: "Como gerente de ventas de la Región Nordeste, aumenté las ventas en un 65% el primer año y en un 32% el segundo año"). Una vez más, recuerda que a los gerentes de contratación les gustan los números para ilustrar los éxitos del pasado. Los activos tangibles son generalmente preferidos sobre los activos intangibles en los currículos y cartas de presentación.

Las cartas de presentación también te ofrecen la oportunidad de dar testimonios, aunque debes recordar de nuevo que el espacio para las cartas de presentación es algo limitado. Si tienes la oportunidad de usar un testimonio, deberías hacerlo. (Por ejemplo: "Mi supervisor me dijo que me había desempeñado como un superhéroe en la organización de ese evento", "Uno de mis clientes me dijo que la asistencia que le proporcioné 'salvó el día'", "Recibí constantemente las mejores críticas por mi capacidad para guiar a nuestro equipo de servicio al cliente", etcétera).

Te recomiendo fuertemente que mantengas tus cartas de presentación en una sola página. Y aunque deberías haber incluido tu información de contacto en tu currículum, deberías incluir la misma información de contacto en tu carta de presentación en caso de que el currículum y la carta de presentación terminen separándose.

Y, finalmente, otro recordatorio para que te asegures de que has corregido tu carta de presentación antes de enviarla. Los errores tipográficos o gramaticales bien podrían eliminarte de la consideración. Si es posible, utiliza un par de ojos adicionales para revisar tu carta de presentación y tu currículum. Consigue los servicios de alguien que sea bueno en la corrección de pruebas.

Capítulo 2—Vístete Para Conquistar

Vale, has conseguido una entrevista cara a cara. ¿Lo siguiente? Bueno, una de las cosas que a menudo se pasa por alto es la decisión de cómo vestirse y qué ponerse para la entrevista. Aunque nunca he sido alguien que se preocupe mucho por cómo vestirse, como consejero de carrera he visto a solicitantes perder oportunidades de trabajo por la forma en que se han vestido para una entrevista. Con esto en mente, aquí hay algunas recomendaciones y sugerencias sobre cómo debes vestirte para tu entrevista.

Qué Ponerse Si Eres Hombre.

A diferencia del vestuario de las mujeres para las entrevistas, el de los hombres es relativamente sencillo. Siempre les digo a mis clientes varones que, como entrevistado, su objetivo en cuanto a su atuendo debe ser no sobresalir en una entrevista. Si un hombre se destaca en una entrevista por la forma en que está vestido, puede significar que el entrevistador vio su atuendo negativamente. Como hombre, aunque ciertamente deseas vestirte para tener éxito en cualquier entrevista, tu objetivo debería ser simplemente encajar desde el punto de vista del atuendo. Tu objetivo final debería ser conseguir el trabajo basado en lo que dices en la entrevista y en lo que tienes que ofrecer, no en cómo te vistes. Si crees que un gerente de contratación te va a contratar en base a la forma en que estás vestido, a menos que estés solicitando un trabajo en la industria de la moda, probablemente te estés enfocando en el área equivocada. Dicho esto, no puedes ignorar la importancia de vestirse para tener éxito y causar una buena impresión basada en la forma en que te vistes.

Nunca olvidaré mi primera entrevista al salir de la universidad. Como joven de 21 años, tuve la oportunidad de entrevistarme para un trabajo de relaciones públicas en una importante cadena de restaurantes. En ese momento, hace muchos años, la empresa hizo que los cinco

Preparación para entrevistas de trabajo

candidatos seleccionados se sentaran en el vestíbulo al mismo tiempo que esperábamos para ser entrevistados. Al sentarme en el vestíbulo con los otros cuatro candidatos, fue inmediatamente evidente que yo era el chico recién salido de la universidad y que los otros cuatro candidatos, también varones, eran mayores y tenían experiencia. Me puse mi único traje, mi "traje de entrevista" azul claro, y un par de zapatos de suela esponjosa. Los otros candidatos llevaban un atuendo más tradicional, trajes más oscuros y zapatos más tradicionales, incluyendo puntas de alas y mocasines. Supe inmediatamente que mi atuendo para la entrevista me haría sobresalir de los otros candidatos, y no de una buena manera. Pero, por otra parte, llevaba menos de un par de semanas fuera de la universidad y no conocía nada mejor. Tuve la suerte de que me invitaran a una segunda entrevista para un trabajo que realmente quería. De nuevo, cuando era niño y acababa de salir de la universidad, estaba acostumbrado a usar jeans y camisetas todos los días y mi traje de entrevista "azul celeste" era el único traje que tenía. Como no quería llevar el mismo traje a la segunda entrevista y no tenía dinero para comprar otro traje, pedí prestado el traje de mi compañero de cuarto de la universidad para la segunda entrevista. Afortunadamente, teníamos casi la misma talla; afortunadamente, me ofrecieron el trabajo a pesar de mi deficiencia de vestuario. Pero aprendí una lección de ello, y me aseguré de que me vistiera más apropiadamente para mis entrevistas posteriores con otras empresas años después.

Para determinar qué ponerse para una entrevista, será útil que sepas cuál es el código de vestimenta o el modo de vestir de la compañía con la que te vas a entrevistar. No todas las compañías se visten igual y encontrarás que los empleados de una compañía que está comenzando probablemente se vistan diferentes a los empleados que trabajan para una firma de abogados corporativos. Si no estás seguro de cuál es el código de vestimenta de una compañía en particular, y realmente quieres asegurarte de que encajas cuando estés allí para tu entrevista, no hay nada malo en llamar a la recepcionista de esa compañía para saber cómo se viste la mayoría de la gente. Incluso he tenido clientes que han ido a la compañía días antes de la entrevista y han visto cómo los empleados se visten con una misión de reconocimiento en el aparcamiento. Aunque creo que esto es un poco drástico, señala que es importante que no parezcas demasiado fuera de lugar con lo que llevas puesto para tu entrevista.

Con suerte, sabrás algo sobre la compañía a la que enviaste tu currículum y tendrás una idea del tipo de negocio en el que están y cómo podrían vestirse. Si estás entrevistando para el puesto de un profesional del golf o de un paisajista, obviamente puedes vestirte de manera muy informal para tu entrevista. De hecho, es probable que pierdas puntos si te presentas con un abrigo y una corbata. Pero para la mayoría de los otros trabajos, tal vez quieras determinar si la compañía con la que te estás entrevistando tiene una vestimenta casual o formal de negocios. La diferencia básica entre estos dos modos de vestir se refiere principalmente a si debes usar una corbata o no, pero también puede tratar de si debes planear usar un abrigo o no.

De cualquier manera, siempre les digo a mis clientes masculinos que, si van a usar un abrigo, se prefiere un abrigo caqui o un abrigo color camello a un abrigo más oscuro. Les digo a los clientes que no se vistan como lo harían para ir a un funeral. Los trajes de raya diplomática pueden ser demasiado formales, dependiendo del trabajo que se solicite. Los blazers marinos pueden ser más apropiados. Los pantalones deberían estar coordinados con el abrigo. Los pantalones azul marino, caqui o incluso los grises son estándar en la mayoría de las entrevistas. El hecho de que uses o no una corbata puede depender de si vas por el look casual de negocios o formal de negocios. El estilo casual de negocios a menudo no incluye una corbata, mientras que el estilo formal de negocios generalmente incluye una corbata.

Si estás tratando de cruzar la línea entre lo casual y lo formal en los negocios, una camisa con botones cubierta por un suéter es a menudo un atuendo aceptable, a menos que el suéter sea el que compraste para una fea fiesta de suéteres. Nuevamente, el que uses una corbata dependerá de si vas por el look casual de negocios o por el formal de negocios.

Con respecto a la elección de la corbata, debes elegir una que no sea demasiado extraña, pero tampoco tiene por qué ser aburrida.

Al elegir una camisa de botones, recomiendo que elijas una camisa de color sólido o una camisa a rayas, algo que funcione con las otras prendas que vas a usar y algo que no reste valor al aspecto general. Recomiendo que elijas una camisa de manga larga en lugar de una camisa de manga corta, sólo porque conozco a algunas personas que son adversas a los botones de manga corta para hombres.

Basándose en el resto de tu conjunto para la entrevista, deberías elegir un buen par de zapatos conservadores que funcionen con el atuendo. No hay nada de malo en usar zapatos marrones en conjunto con un look casual o formal de negocios. Y asegúrate de que tus zapatos estén lustrados, ciertamente no rayados. Además, un cinturón de cuero y calcetines oscuros conservadores son un atuendo normal para una entrevista para hombres, aunque con algunos de los diseños de calcetines únicos y coloridos de hoy en día, los calcetines estampados podrían funcionar también.

Y si eres un gran usuario de joyas, no te pases con las mismas, a menos que estés solicitando un trabajo como productor de música rap. Es una broma. Lo mismo vale para la colonia o la loción para después de afeitarse. No uses o usa poca cantidad.

Y asegúrate de que tus uñas estén limpias y bien cuidadas.

Preparación para entrevistas de trabajo

Qué Ponerse Si Eres Mujer.

No debería sorprender a nadie cuando digo que decidir qué ponerse para una entrevista es a menudo más complicado para las mujeres que para los hombres. Aunque voy a dedicar más tiempo a la ropa de las mujeres que a la de los hombres, quiero advertir a las mujeres y decirles que no piensen demasiado en el atuendo que decidan llevar a una entrevista. Aunque la forma en que te vistes en una entrevista es ciertamente importante, sigue siendo secundaria en comparación con la preparación de las partes verbales de la entrevista en sí.

La forma de vestirse para una entrevista dependerá, una vez más, del tipo de compañía con la que te entrevistes. Los códigos de vestimenta de las diferentes compañías pueden variar sustancialmente. Una compañía nueva podría permitir pantalones vaqueros y zapatos tenis, mientras que una compañía de Fortune 500 de Madison Avenue podría incluso descalificar cualquier atuendo que no incluya una falda y pantimedias. Por eso es importante que averigües qué tipo de código de vestimenta tiene la compañía con la que te vas a entrevistar antes de hacerlo. Nuevamente, si no estás seguro, puedes simplemente llamar a la recepcionista de la compañía y preguntar sobre el código de vestimenta o el atuendo estándar. Y, si todavía no estás seguro, te diría que es mejor vestirse bien en lugar de vestirse mal en comparación con el nivel de los empleados allí.

En la mayoría de los casos, animo a las mujeres a vestirse de forma conservadora. Nada demasiado llamativo. Nada demasiado revelador en cuanto al largo del top o de la falda. El largo normal de la falda conservadora es justo por encima o por debajo de la rodilla. Selecciona una blusa o top conservador que coordine con tu ropa.

A diferencia de los hombres, los accesorios son un factor más importante para las mujeres. Si eres mujer, tienes que elegir si quieres usar joyas o no. Y, si eliges usar joyas, tendrás que elegir qué joyas usar. Además, tendrás que elegir qué bolso llevar a una entrevista. En cuanto a las joyas, algunas personas sostienen que las mujeres deben usar poca o ninguna joya en una entrevista. De cualquier manera, es seguro decir que no debes sobrecargar la cantidad de joyas que usas en una entrevista. Tengo una amiga en el negocio de la orientación profesional que les dice a las mujeres que prefiere que no usen ninguna joya en lugar de joyas baratas. Además, en cuanto a la cartera que elija llevar a una entrevista, la bolsa debe ser lo suficientemente grande como para contener su currículum y los documentos correspondientes, sin embargo no debe ser una de esas bolsas monstruosas que a veces vemos. En mis días de recursos humanos, una vez tuve una mujer que trajo una bolsa tan grande a su entrevista que le tomó por lo menos cinco minutos para encontrar su currículum. Al buscar su currículum, procedió a vaciar su bolsa de su contenido, pieza por pieza. Para cuando finalmente localizó su currículum, podría haber tenido una venta de garaje con todos los artículos que había colocado en mi escritorio, y, durante ese tiempo, me había formado la opinión de que estaba desorganizada. En otras palabras, sus posibilidades de conseguir ese trabajo habían terminado incluso antes de que la entrevista comenzara realmente.

Además, animo a las mujeres a ser conscientes de la cantidad de maquillaje y el perfume que usan. Yo animaría a las mujeres a no usar mucho maquillaje y a no usar o no usar mucho perfume. Es importante recordar que algunas personas son alérgicas a los perfumes y otras detestan el uso excesivo de los mismos. Teniendo esto en cuenta, el uso de perfumes en una entrevista probablemente no sea un riesgo que valga la pena la recompensa.

De la misma manera que aconsejé a los hombres que se aseguraran de tener las uñas limpias y bien cuidadas, animo a las mujeres a que se aseguren de que sus uñas estén presentables.

La ropa debe ser siempre conservadora, para no perjudicar la entrevista en sí. La ropa en sí debe ser planchada y/o sin arrugas. También debe estar limpia. No debe tener manchas, agujeros, rajaduras o bordes irregulares. Y cuidado con el pelo de las mascotas si tienes un perro o un gato.

Los zapatos deben estar pulidos y no rayados. El que uses tacones altos o planos depende de ti. Se desaconseja el uso de zapatos de punta abierta.

Si vas a una entrevista inicial con una empresa que tiene un código de vestimenta muy informal, los jeans y los zapatos tenis pueden estar bien, pero los jeans deben estar limpios y sin agujeros y costuras desgastadas. Si vas a una entrevista con una empresa que tiene un código de vestimenta muy casual, te recomiendo seriamente que te asegures de que sea absolutamente casual antes de usar jeans y tenis en una entrevista. Si te equivocas con eso, tu oportunidad de conseguir el trabajo podría terminar antes de que empiece la entrevista. Si no estás seguro, entonces es más seguro vestirse bien en lugar de correr el riesgo de vestirse mal.

Seis Cosas Que No Debes Usar En Una Entrevista.

Aunque muchas de estas cosas son de sentido común, hay algunas cosas que definitivamente no se deben usar o llevar a una entrevista.

1) Ropa brillante y llamativa. Intenta no parecer un árbol de Navidad decorado y andante. Usa colores más conservadores y sólidos. Si vas a usar un color brillante, como una camiseta roja brillante, asegúrate de que el resto de tu ropa compense o equilibre los colores brillantes que estás usando. Nuevamente, el objetivo aquí es que no te destaques por la ropa que llevas puesta. Simplemente quieres verte pulido y profesional.

Preparación para entrevistas de trabajo

2) Zapatos rayados, sucios o anticuados. Este consejo se aplica tanto a hombres como a mujeres. Te sorprendería saber cuánta gente presta atención a los zapatos y supongo que los gerentes de contratación están incluidos.

3) Demasiadas joyas o demasiados accesorios. Si eres hombre, quítate las joyas o métalas dentro de tu camisa. Si eres mujer, no te pongas pendientes grandes. Y si usas anteojos funky, vuelve a tu diseño más convencional y conservador, al menos para los propósitos de la entrevista.

4) Corbatas, bufandas y calcetines extravagantes. Esto se aplica particularmente a los hombres, pero también a las mujeres que se complementan con bufandas. Si eres un hombre, no intentes ser el tipo divertido con una corbata o calcetines extravagantes. No estás ahí para mejorar tu futuro como cómico de stand up. Si eres un usuario de corbatín, podrías considerar una corbata más convencional. Aunque creo que las corbatas de moño pueden estar muy de moda, debes saber que algunas personas todavía tienen una aversión a ellas.

5) Maquillaje pesado; perfume o colonia pesada. En lugar de usar maquillaje pesado, o perfume o colonia pesados, te recomendaría que vayas ligero o sin él. Algunas personas son alérgicas a los perfumes o a las colonias; otras personas son muy sensibles a los olores. Nunca se sabe si una de las personas que conoces en una entrevista es de éstos. Además, no uses mucho maquillaje. No te excedas. Evita el lápiz labial rojo brillante y la sombra de ojos oscura.

Una capa ligera de rímel, un toque de polvo y un poco de labial teñido probablemente estén bien, pero no te excedas.

6) Bolsas, carteras, maletines anticuados o desgastados. Algunas personas se olvidan por completo de los bolsos o maletines que utilizan para llevar su currículum o los papeles de la entrevista. Asegúrate de que el maletín que estás usando esté presentable y sea profesional, y que transmita la imagen que quieres presentar a tu posible empleador. Si es una mujer con un bolso, elige un bolso de tamaño más pequeño y minimiza el contenido para que puedas encontrar fácilmente el papeleo que necesitarás durante tu entrevista. Y siempre lleva un bolígrafo.

Una vez más, con cualquiera de estas recomendaciones, debes saber que no están fijadas en concreto. Siempre animo a las personas a ser quienes son y a vestirse de acuerdo a ello. Sin embargo, al elegir qué ropa y cómo quieres lucir para una entrevista, siempre ten en cuenta a la persona o personas con las que te vas a encontrar durante la entrevista y considera qué tipo de impresión estás causando con la forma en que te vistes o con los accesorios.

La Verdad Sobre Los Tatuajes Y Los Piercings.

Entonces, tienes algunos tatuajes o algunos piercings. Bueno, ciertamente no estás solo. Casi el 30% de los americanos tienen tatuajes y la mitad de los millennials tienen tatuajes. Dicho esto, probablemente sepas que algunas personas todavía tienen algunos prejuicios o sentimientos negativos sobre los tatuajes y las perforaciones y, con esto en mente, es posible que tengas que decidir cómo vas a manejar esto al entrar en una entrevista.

Preparación para entrevistas de trabajo

En primer lugar, permíteme señalar que con algunos trabajos y algunos empleadores, no va a importar en absoluto si tienes tatuajes o perforaciones. Sin embargo, algunas otras empresas pueden incluso tener políticas de empresa en relación con los tatuajes y las perforaciones.

Antes de discutir cómo debes manejar los tatuajes y piercings al entrar en una entrevista, me gustaría proporcionarte alguna información adicional que puede ayudarte en tu decisión sobre cómo hacerlo. Un sitio popular de encuestas reveló recientemente los resultados de una encuesta que hicieron con respecto a los tatuajes y las perforaciones. Preguntaron a los encuestados si consideraban que los tatuajes y las perforaciones perjudicaban las posibilidades de un solicitante de obtener un empleo. El 76% de los encuestados consideraron que los tatuajes y las perforaciones dañan las posibilidades de un solicitante de empleo. En el mismo sentido, más del 37% de las personas encuestadas dijeron que sentían que los empleados con tatuajes y perforaciones se reflejaban mal en sus empleadores. El 42% pensaba que los tatuajes visibles eran inapropiados en el trabajo; el 55% pensaba que las perforaciones eran inapropiadas en el trabajo.

Al observar los resultados de esta encuesta, no se puede negar que todavía hay muchos prejuicios contra los tatuajes y los piercings, sea justo o no. Hay que señalar que la edad de las personas es un factor significativo en la forma en que se perciben los tatuajes y las perforaciones. Como se puede adivinar, los grupos de mayor edad tienen una percepción más negativa de los tatuajes y las perforaciones; los grupos de menor edad son más tolerantes.

Las personas que tienen una percepción negativa de los tatuajes y las perforaciones son propensas a pensar que las personas que tienen estos tatuajes y perforaciones son, entre otras cosas, menos inteligentes (el 27% de los encuestados pensó que las personas con tatuajes y perforaciones eran menos inteligentes que las personas sin tatuajes y perforaciones), menos atractivas (45%) y más rebeldes (50%). Desafortunadamente, las percepciones de las mujeres con tatuajes y perforaciones son aún peores que las percepciones de los hombres. Mientras que algunas personas perciben a los hombres con tatuajes como más masculinos, más dominantes y más agresivos, las mujeres con tatuajes son percibidas como menos honestas, menos motivadas, menos generosas y menos creativas, entre otras cosas. Estas percepciones negativas son, sin duda, una carga injusta para un candidato cualificado. Enumero estas suposiciones aparentemente injustas sólo para que puedas ver con qué percepciones estás lidiando si eres alguien que tiene tatuajes o perforaciones. Puede que seas un candidato perfectamente calificado para un puesto de trabajo, pero puede que seas estigmatizado o categorizado por tener tatuajes o perforaciones.

Para decidir si debes ocultar tus tatuajes en una entrevista o permitir que se vean, aquí tienes algunos factores posibles:

1) Considera la industria y la posición a la que estás aplicando. Si vas a estar cara a cara con los clientes en ese puesto, es muy posible que tengas que cubrir tus tatuajes y deshacerte de los piercings. Los puestos como representantes de servicio al cliente cara a cara, vendedores al por menor y cajeros de banco son todos los puestos en los que vas a trabajar con el público de forma continua y, como resultado, tu empleador puede no permitirte que tus tatuajes y perforaciones sean visibles.

2) Investiga y considera la cultura de la empresa. Como se mencionó anteriormente, algunas empresas incluso tienen políticas de empresa contra los tatuajes y los piercings. Si es así, vas a tener que tomar una decisión sobre la importancia de exhibir tus tatuajes y perforaciones, tanto en la entrevista como en el trabajo, si consigues el

Preparación para entrevistas de trabajo

empleo. Si eres inflexible en cuanto a no ocultar tus tatuajes o perforaciones y si la compañía que te interesa tiene una política contra los tatuajes o perforaciones, debes saber que esto puede afectar tu interés en trabajar para esa compañía o su interés en contratarte. En otras palabras, puede ser un factor de ruptura.

3) Escóndelos en la entrevista y pregunta después. Si no estás seguro de cuál es la postura de la empresa con respecto a los tatuajes y piercings al entrar en la entrevista, probablemente sea mejor esconderlos (si es posible) para la entrevista. Si tienes tatuajes en tus brazos que pueden ser simplemente cubiertos con una camisa de manga larga, entonces cúbrelos para la entrevista; y si parece que el entrevistador tiene más interés en ti como candidato, siempre puedes preguntarle si hay una política de la compañía con respecto a los tatuajes o piercings. Si tienes tatuajes que no puedes cubrir, como tatuajes en tus dedos o en un lado de tu cara, seguramente tendrás que mencionarlo en la entrevista, ya que es poco probable que puedas cubrirte la cara o las manos en la mayoría de los empleos que solicites. Siempre que hablemos de tatuajes en este capítulo, por favor, ten en cuenta que presumo que los tatuajes que tienes no son ofensivos. Si tienes tatuajes que van a ser ofensivos para tus compañeros de trabajo o clientes, es un escenario totalmente diferente y es posible que descubras que esos tatuajes pueden prohibirte conseguir un trabajo y que tengas que alterarlos o quitártelos antes de que puedas conseguirlo.

4) No dejes que tus tatuajes o piercings sean una distracción en una entrevista. Cuando te entrevisten para un trabajo, es de esperar que tus talentos y habilidades sean los principales determinantes para conseguir el trabajo o no. Teniendo esto en cuenta, no querrás que tus tatuajes o perforaciones sean una distracción en la entrevista. Conseguir un gran trabajo puede ser bastante difícil sin que tus tatuajes resten valor a las razones por las que eres la persona adecuada para el trabajo.

Preparación para entrevistas de trabajo

En resumen, por favor no olvides que siempre animo a la gente a ser ellos mismos cuando se entrevistan. No puedo decirte si debes ocultar tus tatuajes o piercings o si debes permitir que sean visibles. Tendrás que tomar esa decisión tú mismo. Sin embargo, sí quise armarte con alguna información y recordarte que algunas personas todavía tienen un prejuicio en contra y una percepción negativa de los tatuajes y piercings. Dependiendo de la compañía con la que te entrevistes y del puesto que solicites, tendrás que determinar si el hecho de exhibir tus tatuajes y perforaciones inhibirá tus posibilidades de conseguir un trabajo en el que estés interesado. Y también tendrás que determinar si los tatuajes o perforaciones te prohibirán hacer el trabajo en sí. Si la compañía tiene una política contra los tatuajes visibles, ¿estarás dispuesto a cubrir tus tatuajes todos los días? Si estás realmente interesado en el trabajo y no tienes problemas para esconder tus tatuajes y disimular tus piercings, entonces te recomiendo que los escondas durante la entrevista. Luego, si tú y el posible empleador tienen más interés en la vacante, deberías averiguar cuál es la política de la compañía con respecto a la exhibición de estas marcas.

Capítulo 3—Prepárate Como Un Campeón

Al prepararse para una entrevista, es importante que te prepares para esa entrevista tanto como sea posible. La preparación es una excelente manera de superar cualquier ansiedad que puedas tener al entrar en una entrevista. Si te has preparado adecuadamente, te darás la mejor oportunidad de conseguir el trabajo.

Cómo Vencer La Ansiedad Y El Nerviosismo.

En primer lugar, déjame decirte que es normal sentirse nervioso o tener algunas mariposas al entrar en una entrevista. Después de todo, esa entrevista puede ser la clave de tu futuro y no debes ignorar el hecho de que puede ser el siguiente paso en tu carrera o en tu vida. Así que no dejes que el hecho de que tengas algo de ansiedad te alarme. Es algo natural.

Con esta sección del libro, voy a darte algunas sugerencias sobre cómo puedes conquistar tu ansiedad mientras te preparas para la entrevista y también en la entrevista misma. La mayoría de mis sugerencias girarán en torno a la preparación. Si te preparas adecuadamente para la entrevista, te darás la oportunidad de superar la entrevista y conseguir una oferta de trabajo.

Mis primeras recomendaciones son comer y dormir. Debes asegurarte de estar bien descansado antes de ir a una entrevista. Duerme bien esta noche. Además, deja la cafeína, ya que sólo aumentará tu ansiedad. Nada de café con cafeína, ni refrescos con cafeína. Y, obviamente, no bebas alcohol antes de una entrevista. Esto incluye no beber demasiado la noche anterior a la misma. También sugiero que comas algo o tomes un snack ligero antes de ir a una entrevista. Tuve una clienta que entró en una entrevista con el estómago vacío y, como resultado, su estómago estuvo gruñendo fuertemente durante toda la entrevista. Estaba tan avergonzada que no podía concentrarse en la entrevista. En una historia de horror similar, tuve otro cliente que comió una comida grasosa antes de su entrevista y, como resultado, tuvo que pedir usar el baño en medio de la entrevista. En la misma línea, también he tenido clientes que me han dicho que las comidas pesadas que comieron antes de las entrevistas les dieron sueño durante la entrevista. Por lo tanto, el resultado final es que tienes que prestar atención a lo que comes y bebes antes de una entrevista.

Otra forma de reducir la ansiedad por tu entrevista será asegurarte de que llegas a tiempo, suponiendo que se trata de una entrevista cara a cara. Si llegas justo antes de una entrevista, puedes aumentar tu ansiedad. Si llegas tarde, es posible que se te elimine de la oportunidad de trabajo incluso antes de que comience la entrevista. Y, si por casualidad, te das cuenta de que vas a llegar tarde a la entrevista, tienes que llamar a la persona con la que se suponía que te ibas a reunir y decirle que vas a llegar tarde. Te sorprendería saber cuánta gente llega tarde a las entrevistas sin informar a la persona con la que se va a reunir. Si no estás exactamente seguro de cómo llegar al lugar donde se realiza la entrevista, asegúrate de averiguar cómo llegar. Utiliza MapQuest o alguno de los otros sitios de Internet para obtener direcciones de conducción o utiliza el sistema GPS de tu teléfono para guiarte y asegurarte de que tienes tiempo para posibles retrasos en el tráfico. Si el clima es un problema y está creando malas condiciones de conducción, te sugiero que te pongas en contacto con el entrevistador antes de que te dispongas a conducir hasta allí; luego mantenlos informados sobre tu progreso si algo cambia a medida que te diriges hacia su ubicación. Si el trabajo es lo suficientemente importante para ti, y el lugar no está muy lejos, he tenido clientes que han hecho viajes de prueba en los días previos a la entrevista. Pero si estás haciendo una prueba, asegúrate de tener en cuenta la hora del día y los diferentes niveles de tráfico durante esa hora del día. He tenido

Preparación para entrevistas de trabajo

clientes que hicieron sus pruebas durante horas no laborables y luego cuando viajaron al lugar de la entrevista durante la hora pico, el tiempo de tránsito fue mucho más largo y se dieron cuenta de que no habían previsto suficiente tiempo de tránsito.

Otra forma de reducir la ansiedad de las entrevistas es planear con anticipación lo que vas a vestir, por lo menos un día antes. He tenido clientes que han esperado hasta la mañana de la entrevista para decidir lo que se van a poner, sólo para descubrir que el traje que planeaban usar tenía una mancha o estaba cargado de pelo de mascota, la camisa o blusa que planeaban usar tenía más arrugas que un perro Shar-pei, o los zapatos que planeaban usar necesitaban ser pulidos. Si estás corriendo por ahí tratando de planear tu vestuario el día de la entrevista, seguramente estarás aumentando tu ansiedad.

También es importante que hagas tu tarea con respecto a la compañía con la que te estás entrevistando, especialmente si no estás familiarizado con ella. Internet nos ofrece a todos la posibilidad de investigar las empresas desde nuestros dormitorios. Si no has visitado la página web de la compañía con la que te vas a entrevistar, tienes que hacerlo. Además, por favor usa Google u otro motor de búsqueda para ver si hay algún artículo reciente que proporcione información sobre la compañía. Tuve un cliente que, al investigar la compañía con la que se iba a entrevistar, descubrió que la compañía estaba teniendo algunos problemas financieros serios de los que no estaba enterada. Aunque esta información no la desanimó a seguir adelante, ciertamente le dio algunas preguntas para hacer durante la entrevista. Otra forma de conocer las compañías con las que te estás entrevistando es solicitando información personal. ¿Conoces a alguien que trabaje para esa compañía o que haya trabajado para ella en el pasado? ¿Conoces a alguien que trabaja para un competidor de la compañía con la que te estás entrevistando? Al solicitar información personal e incluso al buscar información en Internet, yo siempre advierto a la gente que tome sus hallazgos con "un grano de sal". La información que recibas podría ser inexacta o estar contaminada, pero sin embargo debería al menos darte algo en que pensar y posiblemente alguna información o preguntas que te ayuden en tu entrevista.

Otra forma de reducir tu ansiedad es prepararte para la entrevista misma. Primero, asegúrate de tener todos los materiales necesarios para llevar contigo a la entrevista: currículum, copia de tu carta de presentación, lista de referencias, portafolio con muestras de tu trabajo, certificaciones, licencias, tarjetas de presentación y, por supuesto, un bolígrafo y un bloc de notas. Nuevamente, presta atención a los detalles en los materiales que reúnas. Sin manchas de café o refrescos en su currículum, sin bolígrafos que tú o tu perro hayan masticado, etcétera. Tú entiendes.

Además, al prepararte para una entrevista, puedes reducir tu ansiedad al determinar algunas de las preguntas que quieres hacer antes de la entrevista. Si crees que existe la posibilidad de que no recuerdes las preguntas que quieres hacer, escríbelas en una hoja de papel y llévala contigo a la entrevista.

¿Tienes algún amigo o pariente con el que puedas practicar la entrevista? Si es así, puede que te resulte muy útil realizar un simulacro de entrevista. Dale a tu amigo algunas preguntas para que te las haga basándose en las preguntas que crees que te harán durante la entrevista misma. Las personas que hacen entrevistas simuladas antes de sus entrevistas reales parecen beneficiarse inmensamente de la práctica de formular y dar respuestas a las posibles preguntas. No hay duda de que esta práctica aumenta la confianza en el momento de la entrevista.

Al entrar en una entrevista, puede que te resulte beneficioso "salir de ti mismo" y de los pensamientos de la entrevista en sí. Algunas personas encuentran esto extremadamente útil, ya que disfrutan cada parte del proceso de la entrevista. . Saludan e involucran a la recepcionista, saludan brevemente a las personas que pasan por el camino a la sala de entrevistas, preguntan al entrevistador cómo le va el día, se concentran en recordar los nombres de las personas que conocen, se centran en un firme apretón de manos y en el contacto visual, etcétera. En otras palabras, dividen cada parte del proceso de la entrevista en un evento separado y, como resultado, es mucho más fácil para ellos relajarse y deshacerse de cualquier ansiedad que puedan estar sintiendo.

En la propia entrevista, siempre animo a la gente a "ir más despacio". Cuando nos ponemos ansiosos, tendemos a apresurar las cosas y eso puede llevar a resultados indeseables. Tengo un amigo que es entrenador de baloncesto juvenil y durante los grandes momentos de los partidos, cuando sus jugadores pueden estar experimentando ansiedad, siempre les dice que vayan más despacio. Lo mismo ocurre con las entrevistas. Si tienes ansiedad y el entrevistador te hace una pregunta, en lugar de soltar la respuesta, ve más despacio y tómate un tiempo para pensar en cómo quieres responder a la pregunta. Eso debería ser útil para reducir tu ansiedad.

En este sentido, debes tener en cuenta que algunos entrevistadores intentarán coger a los solicitantes con la guardia baja bombardeándolos a preguntas. Para los solicitantes con ansiedad, esto realmente puede desorientarlos. Si esto te pasa a ti, debes entender por qué el entrevistador puede estar haciendo esto y también debes entender que él o ella probablemente esté usando la misma táctica con otros candidatos. Los entrevistadores a veces interrogan a los candidatos para saber cómo reaccionará el candidato ante el estrés. Si sabes de antemano que este es un enfoque utilizado por algunos entrevistadores, sentirás mucha menos ansiedad sabiendo cuál es la motivación y sabiendo que probablemente todos los candidatos están siendo tratados de la misma manera.

Y finalmente, otra forma de reducir tu ansiedad en una entrevista es hacerle algunas preguntas al entrevistador y dejar que responda. "Pon el reflector sobre ellos", en otras palabras. Con suerte, tendrás algunas preguntas preparadas de antemano y también podrás formular otras preguntas durante la entrevista. Descubrirás que tendrás muchas más posibilidades de conseguir el empleo si puedes convertir la entrevista de un monólogo a una conversación de dos vías. No sólo tendrás menos ansiedad, sino que también descubrirás que la entrevista se siente mucho mejor si se trata de una conversación en lugar de un interrogatorio.

Nueve Cosas Que Debes Investigar Para Tu Entrevista.

La investigación es una gran parte de la preparación para cualquier entrevista. Si quieres darte la mejor oportunidad de conseguir el trabajo, te asegurarás de que has investigado el puesto que estás solicitando y la empresa correspondiente.

1) Acerca de la Compañía. Te sorprendería saber cuántos solicitantes de empleo no saben mucho sobre la compañía con la que se están entrevistando. Cuando el entrevistador te pregunta qué sabes sobre la empresa y tú respondes: "Bueno, mi cuñado me dijo que es un gran lugar para trabajar", eso no va a ser suficiente. En realidad, tendrás que saber algo más sobre la empresa en la que esperas trabajar. Internet y Google facilitan mucho la tarea de los solicitantes de empleo a la investigación de empresas. Casi todas las empresas tienen sitios web y puedes aprender mucho sobre ellas navegando por sus sitios web. Por lo general, se pueden obtener noticias recientes, la historia de la empresa e incluso la cultura de la empresa en un sitio web. La mayoría de los sitios web tienen una página "Acerca de nosotros" que imparte cierta información sobre la empresa. Algunos sitios web tienen enlaces a sus blogs o boletines de noticias. Puedes aprender mucho sobre la mayoría de las empresas al examinar esta información. Del mismo modo, también utilizaría Google para obtener información

adicional sobre la empresa con la que te vas a entrevistar. Debes recordar que a veces los sitios web de las empresas ofrecen una imagen rosada de la empresa, que es contraria a lo que puedes encontrar en la búsqueda de artículos o reseñas en Google. Una vez más, debo recordarte que debes estar preparado para tomar esta información "con un grano de sal". Por ejemplo, si te interesa trabajar en un restaurante determinado y encuentras un artículo que destroza ese restaurante en Google, toma ese artículo con un grano de sal. Podría ser un caso en el que alguien está en una guerra y tiene un hacha para arremeter contra ese restaurante. Por otro lado, si ves quejas repetidas contra ese restaurante o cualquier otra empresa, probablemente puedas presumir que tienen un problema en esa área.

2) Cultura Corporativa/de la Empresa. Si lees entre líneas en la página web de la empresa o en los blogs o boletines de noticias de la empresa, deberías poder hacerte una idea de la cultura corporativa. Si un boletín describe el picnic anual de la compañía y muestra muchas familias con niños, eso podría significar que es una compañía que valora a sus empleados y a sus familias. Si una compañía está involucrada en muchas actividades caritativas externas (recaudando dinero para el hospital infantil local, construyendo y reparando casas como parte de Hábitat para la Humanidad, etcétera), entonces puedes suponer que la cultura de la compañía incluye trabajo caritativo en la comunidad. Si los boletines informativos se refieren a los equipos de softball de la compañía, a las salidas corporativas, o a las sesiones o retiros de planificación corporativa, tienes un vistazo adicional a la cultura de la compañía. También puedes encontrar más información sobre una compañía y su cultura viendo sus cuentas de redes sociales, incluyendo plataformas como Facebook, Twitter, Instagram y LinkedIn.

3) Historia de la Empresa. Es bueno que puedas reunir alguna información sobre la historia de la empresa. Tal vez descubras que la compañía fue iniciada por un par de compañeros de universidad en un

Preparación para entrevistas de trabajo

dormitorio o que el primer restaurante de comida rápida de la compañía se inició en el sur de California. Cualquier información que encuentres puede darte una mejor indicación de la procedencia de la compañía y cómo se relaciona con lo que es ahora. Y no dudes en "soltar" algo de la información que averigües en tu conversación de entrevista cuando sea apropiado. No afectará tus posibilidades si el entrevistador sabe que te tomaste un tiempo para hacer tu tarea.

4) Los Jugadores Clave. Al investigar un posible empleador, debes determinar quiénes son los actores clave. Ya sea que se trate del fundador, el propietario, el actual director ejecutivo o los jefes de departamento, te conviene averiguar todo lo que puedas sobre los actores clave de la empresa. Como ejemplo, tengo un cliente que ha estado en la carrera de marketing de restaurantes por un par de décadas. Cuando investiga la próxima empresa en la que le gustaría trabajar, una de las primeras cosas que hace es comprobar cuáles son los antecedentes de los principales actores. ¿Tienen todos ellos antecedentes en restaurantes o algunos de ellos tienen antecedentes no relacionados con los restaurantes? ¿Son los jugadores clave en su mayoría jóvenes o son mayores? Al leer las biografías de una de sus empresas objetivo recientes, mi cliente determinó que dos de los peces gordos de la empresa tenían la misma alma mater universitaria que él. También descubrió que varios de ellos estaban muy interesados en el golf como hobby. Mi cliente tomó nota de esto, ya que también era un ávido golfista. Y más tarde, cuando se presentó la oportunidad, mencionó su amor por el golf en una entrevista y eso llevó a una conversación con el gerente de contratación, que también era un ávido golfista. El resultado final es que mi cliente investigó a los jugadores clave de la compañía en la que estaba interesado en trabajar y utilizó la información que obtuvo en su beneficio, encontrando puntos en común con la persona que hizo la entrevista y algunos de los ejecutivos clave de la compañía. Con el conocimiento de que su alma mater era la misma que la de un par de ejecutivos y que uno de sus pasatiempos favoritos era el mismo que el de algunos de los ejecutivos de la

empresa, pudo establecer un terreno común y darles la indicación de que encajaría con la empresa y sus ejecutivos.

5) El Entrevistador. Con suerte, podrás obtener el nombre de la persona que te va a entrevistar y podrás hacer una rápida investigación sobre ella. Si el entrevistador no aparece en la página web de la empresa, puedes comprobar las plataformas de medios sociales y Google para ver si puedes encontrar una presencia. Una vez más, no quieres exagerar con esto, sin embargo, es posible que encuentres "puntos en común" entre tú y tu entrevistador con la información que puedas encontrar.

6) Competidores de la Empresa. La mayoría de las empresas tienen competidores y puede ser útil que averigües quiénes son esos competidores y cómo pueden afectar a la posición de la empresa.

7) Noticias, Eventos Recientes. Parte de esto probablemente debería estar en la sección Acerca de la Empresa, pero también es lo suficientemente importante como para tener su propia sección o mención. Puedes usar el Internet para encontrar todo tipo de información sobre la compañía con la que te vas a entrevistar. Los artículos de noticias recientes, blogs o boletines de noticias pueden informarte sobre los nuevos productos que están introduciendo, los nuevos servicios que están ofreciendo, una nueva sucursal o ubicación que están abriendo, su expansión en otros países, etcétera. Dado que algunas de estas noticias pueden estar relacionadas con el puesto de trabajo que estás solicitando, esta información puede ser muy útil para determinar por qué la empresa tiene la vacante.

8) Reseñas. Al igual que buscas noticias e información sobre la empresa con la que te vas a entrevistar, también deberías consultar las reseñas. Esto se puede hacer a menudo simplemente en Google indicando el nombre de la empresa y luego poniendo la palabra "reseñas" detrás de ella. (es decir, reseñas de XYZ). Puede que te

sorprenda lo que encuentres en las reseñas. Por ejemplo, el hijo de mi vecino estaba buscando un trabajo de verano entre su primer y segundo año de universidad. Quería trabajar en el comercio minorista y tenía en mente una cadena minorista específica. Antes de enviar su solicitud a la compañía que quería, buscó reseñas para esta compañía en Internet. Se sorprendió al descubrir que la compañía en la que había estado interesado era conocida por pagar a sus empleados menos que muchos otros tipos de venta al por menor y una serie de críticas de ex empleados revelaron algunas razones por las que probablemente no era el gran lugar de trabajo que él pensaba que podría ser. Así que, en su situación particular, las críticas de investigación resultaron ser muy útiles para este joven y terminó trabajando para otro minorista de mayor paga.

9) Detalles Exclusivos. En la misma línea de las reseñas mencionadas anteriormente, puedes obtener primicias adicionales sobre los posibles empleadores buscando en Internet. Glassdoor.com es un sitio que puede proporcionar información interna sobre muchas empresas. La información proporcionada incluye cifras de salario, funciones de los empleados, revisiones de la empresa, el proceso de contratación y otros detalles que puede utilizar a su favor para posicionarse por encima de otros candidatos para el mismo trabajo.

Una vez más, me gustaría enfatizar la importancia de hacer tu tarea en la investigación de posibles empleadores. Al hacerlo, buscas información que te coloque por encima de los otros candidatos que buscan el mismo trabajo. Al investigar posibles empleadores, siempre les recuerdo a los clientes que no deben ignorar información aparentemente sin importancia. Como se mencionó anteriormente en algunos de los ejemplos anteriores, podrías usar información sin importancia como, por ejemplo, los conocimientos universitarios o el amor por el golf como pasatiempo para establecer un terreno común con la persona con la que te entrevistas, o con la empresa para la que quieres trabajar. En el peor de los casos, al menos podrás demostrarle a tu posible empleador que te has tomado el tiempo para investigar su compañía. En el mejor de los casos, la información que encuentres puede ser un elemento clave para ayudarte a demostrar que eres un buen candidato para el trabajo que estás solicitando.

Otras Formas Vitales De Prepararte Para Tu Entrevista De Trabajo.

Aquí hay algunos consejos adicionales que puedes usar para prepararte para tu entrevista de trabajo:

Asegúrate de practicar tus respuestas a las preguntas más comunes de la entrevista. La mayoría de las entrevistas contienen la pregunta "Háblame de ti" de alguna manera, así que definitivamente debes tener una respuesta preparada para esa pregunta. Una pregunta común que ha sido la caída de muchos solicitantes de empleo, es la pregunta "Describa su mayor debilidad". Esta es una pregunta difícil que necesita ser manejada apropiadamente. Probablemente no querrás decir que no tienen alguna debilidad, ya que eso puede resultar arrogante. Y no querrás pasar un largo tiempo describiendo tus debilidades, ya que sin duda te servirá más si dedicas tiempo a tus fortalezas. Cuando mis clientes me preguntan cómo deben manejar esta cuestión, les digo que enumeren una debilidad específica, pero que también expliquen cómo están trabajando para superar la debilidad. Por ejemplo, tengo un cliente que es algo tímido, al menos hasta que la gente lo conoce. Está en una posición de relaciones públicas, por lo que sus trabajos han implicado a menudo hablar delante de grupos de personas. Nunca se ha sentido cómodo con esto, sin embargo, ha trabajado para llegar a dominarlo. Por lo tanto, cuando el entrevistador le preguntó cuál era su mayor debilidad, respondió: "Nunca me he sentido realmente cómodo hablando frente a grupos. Sin embargo, he trabajado duro en ello. Me he unido a Toastmasters y me he ofrecido como ponente o presentador invitado en varias funciones de la industria. Ahora me siento mucho más cómodo hablando delante de los grupos y sigo trabajando para mejorar, pero he mejorado considerablemente desde que me di cuenta de que tenía algunas deficiencias como orador público. Ahora estoy al punto de que ya no lo considero una debilidad".

Otra pregunta que es probable que te hagan de una forma u otra es: "¿Por qué te interesa este puesto?" o "¿Por qué te interesa trabajar en nuestra empresa?" Una vez más, deberías tener una respuesta ensayada y pulida a esta pregunta. Al responder a la pregunta, es importante enfatizar lo que puedes hacer por la empresa y lo que puedes aportar en lugar de lo que la empresa puede hacer por ti.

Al prepararse para una entrevista, te sugiero seriamente que practiques la respuesta a las diferentes preguntas que se pueden hacer. Y practica tus respuestas en voz alta. Una cosa es tener una respuesta dentro de tu cabeza, pero otra cosa es escuchar cómo suena esa respuesta cuando la expresas en voz alta. Tengo un cliente que me dice que a veces practica sus respuestas en la ducha, en lugar de cantar. Otras personas se pondrán de pie frente a los espejos mientras practican cómo responder a las preguntas. Si tienes un amigo o pariente, o incluso un perro leal, que se ofrecerá como voluntario para ser un oyente dispuesto a escuchar mientras practicas tus respuestas, eso será aún mejor. He visto los resultados que las entrevistas simuladas y la práctica de respuestas pueden producir y recomiendo enérgicamente que incluyas esto en tu arsenal de preparación de entrevistas.

También animo a la gente a preparar algunas preguntas para responder durante la entrevista. Y luego, con suerte, durante la entrevista, podrás hacer algunas preguntas adicionales a tu entrevistador. Está bien anotar estas preguntas en un cuaderno y llevarlas a la entrevista. Pero asegúrate de que sigues participando en la entrevista y de que escuchas la información que te da el entrevistador. No querrás estar haciendo preguntas por información que el entrevistador ya ha proporcionado.

También le digo a la gente que prepare un kit de especial para llevar a la entrevista. Esto incluye currículum, una copia de tu carta de presentación, una copia de la oferta de trabajo, muestras de trabajos anteriores que te gustaría mostrar, licencias y certificaciones, y una lista de referencias comprobadas. Cuando digo "comprobadas", estoy firmemente asumiendo que ya has compilado una lista de referencias personales y profesionales con las que te has puesto en contacto y que han accedido a responder por ti. Te sorprendería saber cuánta gente lista las referencias sin siquiera informarles que han sido incluidas como referencia.

Tu kit de entrevista debe incluir por lo menos cinco o seis currículos, ya que nunca puedes estar seguro de cuántas personas conocerás durante el proceso de entrevista. Y no olvides incluir cosas como servilletas o pañuelos de papel, mentas o spray para el aliento, un palillo para manchas, un quita pelusas e incluso un paraguas. En otras palabras, prepárate.

Si vas a llevar un bolso a tu entrevista, asegúrate de que esté limpio y de que sólo lleves lo esencial que necesites para la entrevista. Si necesitas que alguien te ayude a llevar tu bolso a la sala de entrevistas porque es muy pesado, no lo has limpiado lo suficiente. Es una broma.

Y siempre lleva contigo un cuaderno y un bolígrafo a la entrevista. Ese cuaderno puede incluir cualquier nota o pregunta que hayas preparado para la entrevista, pero también puedes usarlo para tomar notas y anotar cualquier pregunta que tengas durante el proceso de la entrevista. Nuevamente, es importante que si vas a tomar notas durante una entrevista, no te excedas. No querrás pasar todo el tiempo mirando a tu cuaderno de notas cuando deberías estar haciendo contacto visual y relacionándote con el entrevistador. Con las notas que lleves a cualquier entrevista debes estar lo suficientemente familiarizado, para no tener que referirte a ellas constantemente. Y ciertamente no querrás leer esas notas al pie de la letra. También les digo a los clientes que simulen ser un locutor de televisión, que miren sus notas de vez en cuando, pero que pasen casi todo el tiempo mirando al entrevistador y comunicándose con él. Y sí, el contacto visual es extremadamente importante. Cuando se conoce a alguien y se entrevista a alguien, es necesario mirarle a los ojos. Cuando era gerente de contratación, consideraba esto como algo absolutamente necesario. Las personas que no me miraban a los ojos cuando me reunía con ellos por primera vez ya habían perdido puntos conmigo.

El lenguaje corporal es importante. Párate derecho, siéntate derecho y actúa interesado. No te encorves ni te desplomes.

Por último, si eres una persona para la que la conversación o el discurso no se da con fluidez, te sugiero que crees una frase que puedas utilizar para llenar el espacio mientras te preparas para responder a las preguntas de la entrevista. Algunas personas simplemente repetirán la pregunta. Por ejemplo, cuando se les pregunte por qué están interesados en trabajar para la empresa con la que se están entrevistando, usarán esa pregunta para hacer la transición a su respuesta. "¿Por qué estoy interesado en trabajar para la Compañía XYZ? Bueno, entre otras cosas, me encanta la industria y, con mi experiencia y mi entusiasmo, creo que podría aportar mucho". O, podrías responder diciendo: "Esa es una gran pregunta. Tendría que decir que entre las razones por las que me gustaría trabajar para la Compañía XYZ están el hecho de que..." Ya te lo imaginas. Si la conversación o la respuesta a las preguntas no te resultan fáciles, utiliza algunas frases de ayuda para llenar el vacío mientras organizas tus pensamientos.

Si quieres darte la mejor oportunidad de tener éxito en una entrevista, debes asegurarte de prepararte para ella. En la mayoría de los casos, estarás compitiendo por puestos de trabajo contra candidatos que seguramente harán sus deberes al prepararse para la entrevista. Tendrás que asegurarte de que puedes igualar o superar sus esfuerzos si vas a conseguir el trabajo para el que te estás entrevistando.

Capítulo 4—Preguntas y Respuestas

Al entrar en una entrevista, nunca puedes estar seguro de qué tipo de preguntas te van a hacer. Para ayudarte en este proceso, voy a usar mi experiencia como consejero de carrera y te daré algunas preguntas comunes y otras más difíciles y desafiantes que te podrían hacer en tus entrevistas. Aunque no podré darte las preguntas exactas que te harán, las preguntas que he descrito deberían darte una buena idea de lo que te pueden preguntar en una entrevista.

10 Preguntas De Entrevista Comunes Y Cómo Superarlas.

Junto con las preguntas comunes que te podrían hacer, he enumerado algunos consejos sobre cómo podrías responder. Aunque obviamente querrás dar tus propias respuestas, los consejos que te he dado deberían darte algunas ideas sobre cómo podrías responder a las preguntas.

1) *"Háblame de ti"*. Esta es una pregunta muy común, a menudo utilizada cerca del comienzo de una entrevista. Con esta solicitud, el entrevistador intenta obtener una visión general rápida de quién eres y asegurarse de que encajas bien en la oferta de trabajo. Si te preparas para responder a cualquier pregunta común de la entrevista, esta es la pregunta que definitivamente debes practicar respondiendo, una y otra vez. Es una pregunta importante y, dado que casi siempre aparecerá cerca del comienzo de cualquier entrevista, querrás tratar de establecerte inmediatamente como un candidato formidable; preferiblemente como un candidato que se presenta por encima de los otros candidatos. Al responder a la pregunta, debes proporcionar una visión general de tu puesto actual y luego dar información sobre cómo

se relaciona tu puesto actual con el puesto al que te estás presentando. Además, proporciona cualquier otro aspecto destacado de tu carrera o antecedentes que se relacione con el trabajo que estás solicitando. Y, está bien que incluyas algunos detalles personales que puedan ayudar al entrevistador a recordarte y a separarte de los otros candidatos, por ejemplo: "Y cuando no estoy trabajando, me encanta pasar tiempo con mi familia. Este verano voy a entrenar al equipo de softball de mi hija de nueve años. Me encanta".

2) *"¿Cómo te describirías a ti mismo?"* Cuando hacen esta pregunta, no buscan tu altura, tu peso y tu color de ojos. Proporciona una respuesta que coincida con las cualidades y habilidades que dijeron que están buscando en la descripción de su trabajo. Si una de las palabras clave en su anuncio de trabajo se refería a alguien que puede liderar un equipo de empleados, debes asegurarte de mencionar que eres un excelente líder, alguien que se comunica bien, que disfruta liderando un equipo y que es bueno en ello. Si su anuncio de trabajo menciona que están buscando a alguien que pueda llevar un proyecto de principio a fin sin mucha supervisión, menciona el hecho de que puedes tomar un proyecto y llevarlo a cabo en tu respuesta. Ofrece sólo descripciones positivas; trata de correlacionar la descripción de ti mismo con las cualidades que parecen estar buscando en un candidato.

3) *"¿Por qué quieres trabajar aquí?"* Esta pregunta te ofrece la oportunidad de demostrar que has hecho tu tarea y tu investigación. Con tu respuesta, puedes señalar cómo los productos, servicios, historia o cultura de la compañía se relacionan con tus intereses. Por ejemplo, cuando mi hija, estudiante universitaria, solicitó un puesto de temporada en una librería, le hicieron esta pregunta y ella respondió de la misma manera: "Me encantan los libros, me encantan las

librerías, me encanta contarle a la gente sobre los buenos libros y me encanta ayudar a la gente. Me ha encantado venir aquí como cliente con mis padres desde que era una niña y me gusta la forma en que este lugar hace que los clientes se sientan valorados y bienvenidos. La gente que trabaja en esta tienda siempre es muy servicial. Quiero ser una de esas personas". En mi opinión, esta fue una respuesta estupenda, ya que decía exactamente por qué quería trabajar allí. Es cierto que estaba solicitando un puesto básico de venta al por menor, por lo que no entró en muchos detalles sobre lo que podía aportar más allá de una actitud útil de "puedo hacerlo", pero es una estudiante universitaria y no tiene mucha experiencia laboral. Si está solicitando un puesto de mayor nivel, puede usar referencias más tangibles y menos emocionales sobre por qué quiere trabajar allí.

4) *"¿Qué es lo que más te interesa del trabajo que estás solicitando?"* Esta pregunta te ofrece la oportunidad de decir cómo tus habilidades, tu experiencia o tu actitud coinciden con lo que están buscando. Una vez más, te recuerdo que debes pensar en lo que puedes ofrecer a la empresa con esta respuesta en lugar de lo que ellos pueden ofrecerte.

5) *"¿Por qué quieres dejar tu trabajo actual?"* Al responder a esta pregunta, no es el momento de atacar a tu compañía actual o a tu posición actual. No es el momento de sacar la toalla de llorar o el hacha para moler. No te centres en los aspectos negativos de tu empresa o posición actual. En cambio, enfócate en las oportunidades o en los aspectos positivos que el nuevo trabajo te ofrecería.

6) *"¿Qué te apasiona?"* Otra oportunidad para relacionar tus

intereses y pasiones con lo que el futuro empleador está buscando. Nuevamente, regresa al anuncio de trabajo original y agrega cualquier otra información que hayas aprendido sobre el puesto para el que te estás entrevistando y formula una respuesta que muestre cómo tus intereses y pasiones encajan con lo que están buscando en un empleado.

7) *"¿Cuáles son tus mayores fortalezas?"* Esta es una oportunidad para que te pongas a tocar tu propia trompeta. Una vez más, tu respuesta debe estar relacionada con las cualidades que buscan encontrar en un nuevo empleado. Por ejemplo, si están buscando a alguien que pueda crear e implementar introducciones de nuevos productos, podrías responder: "Me encanta desarrollar campañas de nuevos productos y soy bueno en ello. Lo he hecho en mi empresa actual y nuestras presentaciones de productos siempre han sido muy exitosas. Puedo llevar una introducción desde la fase de idea hasta la fase de implementación y puedo hacerlo sin mucha supervisión. Me considero un experto en el desarrollo de introducciones de productos y creo que eso es definitivamente algo que puedo aportar en la posición que usted ofrece".

8) *"¿Cuáles son tus mayores debilidades?"* Ya hemos descrito esta pregunta en detalle anteriormente en este libro, pero te recordaré de nuevo que es un poco una pregunta trampa, ya que no querrás pasar mucho tiempo centrándote en tus deficiencias cuando sería más beneficioso enfocarte en tus fortalezas. Probablemente no sea prudente que respondas que no tienes debilidades, ya que eso se verá como algo arrogante y engreído. Por lo tanto, con la respuesta que des, idealmente darás un ejemplo de una debilidad legítima que tienes, pero luego le dirás al entrevistador cómo has trabajado para corregir esta debilidad.

¿Eres una persona que no puede decir "no" y que asume demasiadas cosas? Si es así, puedes señalar con tu respuesta que has aprendido a decir "no", has aprendido a delegar o has aprendido a pedir ayuda a tu equipo. ¿Eres alguien que prefiere hacer las cosas por sí mismo en lugar de delegarlas a un compañero de trabajo que tal vez no pueda hacerlas también? En caso afirmativo, explica cómo has trabajado para superar esta debilidad. Tal vez hayas hecho un esfuerzo más concentrado para educar al empleado al comienzo del proyecto o tal vez te reúnas con el empleado un par de veces a la semana durante todo el proyecto para asegurarte de que está progresando según lo planeado. De cualquier manera, sea cual sea la debilidad que le reveles al entrevistador, debes asegurarte de decirle cómo has trabajado para rectificar esa deficiencia.

9) *"¿Cuáles son tus metas para el futuro? ¿Dónde quieres estar en cinco años?"* No soy un gran fan de estas preguntas, pero sin embargo se hacen a menudo. Al hacer cualquiera de estas preguntas, un gerente de contratación probablemente esté haciendo una de dos cosas: Probablemente están tratando de averiguar si planeas quedarte por un tiempo o quieren saber cómo su compañía o su posición encajan en tus objetivos a largo plazo. Por lo tanto, al responder a la pregunta, debes volver a relatar cómo su empresa y el puesto que ofrecen encajan en tus planes. Si estás entrevistando para un puesto de marketing en un restaurante y le dices al entrevistador que quieres ser dueño de una empresa de poda de árboles en los próximos cinco años, eso probablemente no te ayudará a asegurar el trabajo para el que te estás entrevistando. En este sentido, tu respuesta nunca debería ser, "No tengo ni idea". Es dudoso que su futuro empleador vaya a estar interesado en contratar a un empleado que no tiene ni idea de adónde va con su vida.

Preparación para entrevistas de trabajo

10) *"Háblame de una situación laboral difícil que hayas tenido y cómo la manejaste"*. Con esta pregunta, el entrevistador probablemente está tratando de determinar cómo manejas la adversidad y/o determinar si eres capaz de resolver los problemas. Al responder a una pregunta como esta, debes recordar que las historias son a menudo más efectivas que los hechos y las cifras. Si tienes una historia que puedes contar para mostrar cómo resolviste una situación difícil, será más memorable que cualquier hecho y cifra que puedas transmitir, por ejemplo- Una planificadora de eventos tiene un fotógrafo de bodas que le cancela el día de la boda... Un cliente corporativo importante anuncia que está pensando en llevar su negocio a otro lugar porque no siente que ha estado recibiendo la atención adecuada del vendedor que trabaja para ti. Trabajaste en una tienda minorista durante la temporada de fiestas, la fila en la caja registradora era como de 10 personas de largo, y tenía un cliente que se quejaba a gritos de la espera. En cualquiera de estas situaciones o en tu propia situación difícil, debes detallar cómo trabajaste para resolver el problema. Y, con suerte, tenía un final feliz. Y, idealmente, este problema se relacionará de alguna manera con el puesto que estás solicitando.

11) *"¿Por qué deberíamos contratarte?"* Esta es una pregunta que normalmente aparece cerca del final de la entrevista. Si te hacen esta pregunta, debes considerarla como una última oportunidad para reiterar lo que puedes aportar y por qué serás un buen candidato para el trabajo que están ofreciendo. Detalla nuevamente las habilidades y la experiencia que te hacen un gran candidato para llenar el puesto vacante. Además, no tengas miedo de hacer una declaración más emocional y menos tangible, como "Estoy seguro de que seré un empleado valioso", "Te aseguro que trabajaré duro para lograr las metas que me has fijado", "Estoy muy interesado en trabajar aquí y estoy seguro de que puedo ser un miembro valioso del equipo",

etcétera.

12) *"¿Tienes alguna pregunta?"* Esta pregunta también aparece a menudo al final o cerca del final de la entrevista. No es una pregunta desechable y nunca debes dejar de hacer preguntas adicionales. Esta pregunta te ofrece la oportunidad de cubrir cualquier tema que no se haya tratado en la entrevista. Nuevamente, debes referirte a cualquier pregunta que tenías en tu cuaderno de notas antes de la entrevista o cualquier pregunta que pueda haberse desarrollado durante el curso de la misma. Si se han cubierto todas tus preguntas, aprovecha la oportunidad de convertir el tiempo restante de la entrevista más en una conversación. Podrías preguntarle al entrevistador sobre sus propias experiencias dentro de la compañía, preguntarle cómo se vería el éxito en el puesto para el que está contratando, o preguntarle cuáles son algunos de los desafíos que podrías esperar en el puesto para el que está contratando. De cualquier manera, no dejes pasar la oportunidad de demostrarle al entrevistador que estás interesado en el trabajo que te están ofreciendo haciendo algunas preguntas pertinentes. Si no haces ninguna pregunta, el entrevistador puede pensar que no estás interesado en el puesto.

Manejando Las Preguntas Difíciles Como Un Campeón.

No te sorprendas si te hacen algunas preguntas difíciles o desafiantes en tu entrevista. Después de todo, una entrevista es parte de un proceso de eliminación y los entrevistadores están buscando maneras de separar la competencia y determinar quién será el mejor para el trabajo.

Preparación para entrevistas de trabajo

Cuando acababa de salir de la universidad, tuve una entrevista para un trabajo que realmente quería. Me preparé diligentemente para esa entrevista. Practiqué las respuestas a muchas preguntas diferentes pidiendo a mis amigos que hicieran simulacros de entrevistas. Una y otra vez, ensayé las respuestas a cualquier pregunta que pensé que el entrevistador podría hacer. Para cuando la entrevista empezó, pensé que estaba listo para cualquier pregunta imaginable. A los tres minutos de la entrevista, el entrevistador me hizo una pregunta que me dejó totalmente fuera de balance. Su pregunta fue: "Si fueras un árbol, ¿qué clase de árbol serías y por qué?" Ups, no había practicado para esa. ¿Por qué un entrevistador haría una pregunta como esa? No tuve mucho tiempo para analizar por qué me preguntó eso, pero quería saber cuál era el método de su locura al preguntarme eso, antes de dar mi respuesta. Rápidamente determiné, correctamente creo, que ella quería ver si yo era capaz de pensar fuera de la caja y ver cómo era mi proceso de pensamiento. Después de tartamudear y balbucear por poco tiempo, le contesté, "Yo sería un roble. Los robles son fuertes y estables y son útiles. Los robles tienen un sistema de raíces fuerte. Cuando están en plena floración, proporcionan sombra para que otros disfruten. Y proveen nueces (bellotas) que las ardillas, pavos salvajes y otros animales pueden disfrutar". Cuando terminé de responder a esa pregunta, estaba seguro de que lo había manejado adecuadamente.

Aunque probablemente no había una respuesta correcta o incorrecta a esa pregunta, estaba feliz de haber sido capaz de proporcionar algunas razones decentes por las que sería un roble. Más tarde bromeé que estaba contento de no haber dicho que quería ser un sauce llorón o un arce con savia.

Un cliente mío me informó que recientemente le hicieron una pregunta similar en una entrevista: "Si pudieras ser un superhéroe, ¿qué superhéroe serías y por qué?" De nuevo, supongo que el entrevistador

Preparación para entrevistas de trabajo

estaba tratando de determinar el proceso de pensamiento del solicitante con una pregunta como esta. Mi cliente, que me dijo que realmente no conoce a muchos superhéroes, me dijo que respondió que él sería Batman, ya que Batman y Superman eran los únicos dos superhéroes en los que podía pensar cuando le hicieron la pregunta. Dijo que eligió a Batman porque Batman es/era alguien que es muy protector. Trabaja bien con sus socios, incluyendo su compañero Robin y su mayordomo Alfred. Está en buena forma física y mental, y es inteligente. Tiene una pasión por la justicia y un interés en proteger a la gente de la injusticia. Mi cliente añadió entonces que él era como Batman en el sentido de que trabaja bien con sus compañeros de trabajo, trata de mantenerse en forma física y mental, y, como empleado leal, siempre quiere hacer las cosas bien si están mal.

No es una mala respuesta de mi amigo, creo. Demostró que podía pensar en la respuesta a una pregunta desafiante y luego volver a centrar todo en cómo las cualidades de Batman y las suyas propias lo convertirían en un candidato viable para el puesto que solicitaba.

En la sección anterior sobre preguntas comunes de la entrevista, ya he enumerado algunas preguntas comunes que yo consideraría como preguntas desafiantes. Preguntas como "¿Dónde quieres estar en cinco años?", "¿Puedes contarme sobre una situación difícil que hayas tenido anteriormente en un trabajo y cómo la manejaste?", y "¿Cuáles son tus debilidades?" son todas preguntas comunes y desafiantes de la entrevista. Cómo responder a esas preguntas puede determinar si avanzas en el proceso de la entrevista. Teniendo esto en cuenta, te sugiero seriamente que practiques tus respuestas a estas preguntas.

Para que te diviertas, he reunido algunas otras preguntas desafiantes para que las consideres cuando hagas tus entrevistas simuladas. Aunque las posibilidades de que te hagan estas preguntas específicas son mínimas, debes usarlas para afinar tu proceso de pensamiento al formular respuestas racionales y razonables a las preguntas difíciles.

Preparación para entrevistas de trabajo

Aunque no voy a enumerar las respuestas a estas preguntas, ya que muchas de ellas son preguntas de proceso de pensamiento que no tienen respuestas específicas correctas o incorrectas, espero que estas preguntas te proporcionen algo de reflexión mientras te preparas para tu entrevista.

Aquí va:

1. "Si fueras un auto, ¿qué clase de auto serías y por qué?"

2. "¿Por qué crees que tendrías éxito en el trabajo que estás solicitando?"

3. "¿Puedes explicar la interrupción de empleo en tu currículum?"

4. "¿Qué puedes ofrecernos tú como empleado que otros candidatos no puedan?"

5. "Si pudieras organizar una cena con cuatro personas famosas, vivas o muertas, ¿a quién invitarías y por qué?"

6. "¿Cómo gestionas y priorizas tu tiempo?"

7. "¿Puedes hablarme de una época del pasado en la que fuiste innovador o 'pensaste fuera de la caja'?"

8. "¿Cómo lidias con el conflicto?"

9. "¿Puedes describir un dilema ético que hayas previamente enfrentado y cómo lo manejaste?"

10. "¿Cuál ha sido el mayor fracaso de tu vida?"

11. "¿Cómo hiciste tiempo para esta entrevista? ¿Dónde cree tu

jefe que estás ahora?"

12. *"¿Alguna vez has robado material de oficina de una compañía para la que has trabajado?"*

13. *"¿Puedes hablarme de una política de empresa con la que no estás de acuerdo, si has expresado tu desacuerdo con esa política y cómo lo has hecho?"*

14. *"¿Puedes decirme una razón por la que a la gente no le guste trabajar contigo?"*

15. *"¿Qué harías si ganaras 10 millones de dólares en la lotería de esta semana?"*

Y hay una pregunta más que me gustaría discutir brevemente en este capítulo. Pueden hacerte esta pregunta o algo similar: "¿Qué salario crees que te mereces?" Esta es obviamente una pregunta clave tanto para el futuro empleador como para el candidato, ya que, si la cantidad ofrecida por el empleador es demasiado baja o la cantidad ofrecida por el candidato es demasiado alta, puede ser fácilmente un factor de ruptura de contrato. Como candidato a una entrevista, es de esperar que hayas investigado qué salarios están en la categoría de trabajo que te interesa. Si no has investigado, encontrarás mucha información disponible sobre salarios en Internet, incluyendo sitios como indeed.com, glassdoor.com, payscale.com y LinkedIn.com. Al revisar los rangos salariales de tu profesión, siempre debes tener en cuenta el costo de vida de la ciudad donde vas a trabajar. Obviamente, el costo de vida en la ciudad de Nueva York o San Francisco será mucho más alto que el de un trabajo similar en Dyersville, Iowa.

Cuando te hagan esta pregunta sobre el salario, te recomiendo que no des un salario específico. Primero debes pedirle al entrevistador que confirme el rango salarial para el trabajo que están ofreciendo. Por ejemplo, si te dicen que el trabajo que están ofreciendo está en el rango salarial anual de $40,000 a $50,000, entonces tendrás por lo menos un punto de partida para tus negociaciones. En la mayoría de los casos, recomendaría que solicites un salario que sea más alto que la mediana, a menos que haya una razón lógica por la que te den menos de la mediana. (Es decir, tienes menos experiencia que los otros candidatos, eres un graduado universitario reciente y los otros candidatos han tenido experiencia previa en la industria, etcétera).

Idealmente, no hablarás de salario en la primera entrevista a menos que el entrevistador esté listo para contratarte en el acto. Si estás solicitando un puesto de venta al por menor en una tienda departamental, probablemente discutirás el salario durante la entrevista inicial. Si estás solicitando un puesto ejecutivo, es más probable que el salario se discuta en una entrevista posterior. En este caso, yo evitaría hablar del salario y del paquete de compensación en la entrevista inicial a menos que el entrevistador aborde el tema primero.

Al leer esta sección del libro, si hay algo que puedes sacar de lo que has leído, espero que ahora entiendas que la clave para responder a las preguntas de la entrevista, comunes o desafiantes, es prepararse y practicar. Aunque es probable que las preguntas que practiques no sean las mismas que recibes en la entrevista real, es importante que practiques los procesos de pensamiento que necesitarás para responder a las preguntas con las que no estás familiarizado. Con la preparación y la práctica, tendrá la seguridad de aumentar tus posibilidades de éxito en la entrevista.

Preparación para entrevistas de trabajo

Capítulo 5—Crea Una Gran Primera Impresión

La primera impresión que des al entrar en la entrevista puede ser crucial. Siempre les digo a los clientes que, aunque es poco probable que consigan un trabajo basado en su primera impresión, es más probable que puedan perder un trabajo basado en su primera impresión. Las personas que dan una mala primera impresión pueden perder oportunidades de trabajo incluso antes de tener la oportunidad de explicar cuáles son sus antecedentes, sus talentos y habilidades, y por qué son los adecuados para el trabajo.

Con esto en mente, he proporcionado algunos consejos sencillos sobre las cosas que puedes hacer para asegurarte de que causes una gran primera impresión.

Ocho Cosas Que Debe Hacer Para Causar Una Espectacular Primera Impresión.

1) Viste el Rol. En una sección anterior, expliqué la importancia de vestirse adecuadamente para tu entrevista. Una vez más, lo principal en lo que debes concentrarte es en asegurarte de que te vistes adecuadamente para el trabajo que estás solicitando. Si no estás exactamente seguro de qué ponerte, debes recordar que es mejor vestirse bien para una entrevista que hacerlo de forma más informal.

2) Llegar a Tiempo. Como se mencionó anteriormente, seguramente perderás puntos si llegas tarde a una entrevista. Ya hemos discutido esto anteriormente. Si vas a llegar tarde, tal vez debido a un

tráfico inusualmente pesado o a condiciones de manejo inusualmente malas, ciertamente deberías llamar a la persona con la que te estás entrevistando tan pronto como te des cuenta de que vas a llegar tarde. No es una buena idea hacer esperar a alguien; es peor hacer esperar a alguien cuando no sabe que vas a llegar tarde. Por otro lado, no he mencionado antes que debes tratar de no llegar demasiado temprano para una entrevista. No debes llegar más de 30 minutos antes de la entrevista. Si llegas mucho antes de lo esperado, el entrevistador puede sentirse apurado o incómodo al tratar de acomodarte.

3) Sé Amable Con Todos. Cuando estás entrevistando para un trabajo, es importante que "pongas tu cara de juego" tan pronto como entres en el local. Sé amable con todas las personas que conozcas saludándolas con una sonrisa y/o un hola. Esto incluye a las personas que conoces en el estacionamiento, las personas que conoces en el ascensor, las personas que pasas en el pasillo y, por supuesto, la recepcionista. Dos historias rápidas: Una de mis clientas se arreglaba en un ascensor cuando subía al tercer piso para su entrevista. Se miró en su espejo compacto, se aseguró de que sus dientes no contenían partículas de comida, se aseguró de que su cabello se veía bien. Mientras hacía esto, básicamente ignoró a la única persona que subió en el ascensor con ella. Adivinaste, la persona que subió en el ascensor con ella era la persona con la que se iba a entrevistar. Cuando mi cliente descubrió esto, estaba ansiosa por tratar de recordar lo que había hecho frente a la persona con la que había subido al ascensor y se avergonzaba de pensar que no había saludado al menos a la otra persona que iba a su lado en el ascensor. Otro de mis clientes mantuvo una conversación con la recepcionista en el vestíbulo de la empresa donde se estaba entrevistando. La recepcionista no estaba muy ocupada. Parece que su principal responsabilidad era contestar los teléfonos y éstos no sonaban, así que la recepcionista estaba abierta a una charla. Después de que mi cliente fue contratado, se enteró de que el mejor amigo del entrevistador era la recepcionista y el entrevistador rutinariamente solicitaba a la recepcionista la primera impresión de las personas que

Preparación para entrevistas de trabajo

se entrevistaban allí. Gracias a su agradable conversación con la recepcionista, mi cliente obtuvo algunos puntos de bonificación incluso antes de que comenzara su entrevista oficial. Así que, en resumidas cuentas, cuando vas a una entrevista, es importante que te metas en la mentalidad de ser amable con todas las personas que conoces. Nunca se sabe cuándo las impresiones que uno hace afectarán sus posibilidades de conseguir un trabajo.

4) Desaparece Tu Teléfono. Es obvio que querrás apagar tu teléfono durante la entrevista misma. Pero te sugiero que lo apartes desde el momento en que entres en el vestíbulo. A continuación, señalaré la importancia de estar comprometido durante una entrevista. No se puede estar comprometido en una entrevista si se pasa tiempo en el teléfono. En los días en que me entrevistaba para un trabajo, siempre encontraba que el tiempo que pasaba en el vestíbulo esperando la entrevista era educativo. Era interesante ver cómo la recepcionista saludaba a otros visitantes y compañeros de trabajo. También era interesante ver cómo los trabajadores de la empresa interactuaban entre sí. En una de mis entrevistas, en los 20 minutos que pasé en el vestíbulo, noté que el lenguaje corporal y las interacciones de las personas que trabajaban en esa empresa eran inusualmente negativas. Como resultado, incluso antes de entrar en la entrevista, me preguntaba si quería trabajar allí. Por supuesto, la persona de recursos humanos estaba fuera del mismo molde negativo y salí del edificio sabiendo que no aceptaría la oferta que recibí. Me alegré de haber guardado mi teléfono y de saber cuál era el entorno de trabajo.

5) Estar Involucrado, Estar Interesado. En una entrevista para cualquier trabajo, es importante que muestres tu interés o

entusiasmo. Siempre les digo a los clientes que se aseguren de estar involucrados desde el momento en que entran por la puerta de la oficina o la puerta del edificio en el que están siendo entrevistados. Presta atención a las cosas que están visibles en el vestíbulo y en la oficina de la persona con la que te estás entrevistando. Una entrevista promedio puede durar 45 minutos. Esos 45 minutos podrían ser un factor importante para determinar tu futuro. Teniendo esto en cuenta, cualquier entrevista que tengas merece toda tu atención y tu entusiasmo.

6) Ten Seguridad. Es importante que te muestres confiado al entrar en una entrevista. Presta atención a tu lenguaje corporal, tu postura y tu comportamiento. Cuando conozcas a alguien, asegúrate de presentarte, dar un firme apretón de manos y hacer contacto visual. He notado antes que siempre que he sido el entrevistador, he anulado a los solicitantes que tienen un débil apretón de manos o que no me miran a los ojos cuando se les presenta.

7) Asegúrate De Saber Con Quién Estás Hablando. Esto parece tan obvio, pero he tenido clientes que han cometido el grave error de llamar a su entrevistador por el nombre equivocado durante la entrevista. Tuve un cliente que se dirigió a Janel como Jolene durante la entrevista y estoy seguro de que perdió algunos puntos importantes por hacerlo. Asegúrate de tener el nombre del entrevistador en la entrevista. Es deseable utilizar el nombre del entrevistador o entrevistadoras durante la entrevista, pero debes asegurarte de que estás utilizando el nombre correcto.

8) Encuentra un terreno común, haz una conexión. En cualquier

Preparación para entrevistas de trabajo

entrevista, es importante que establezcas una conexión o que encuentres puntos en común con las personas con las que te estás entrevistando. Una vez más, es probable que compitas con otros candidatos para conseguir el trabajo, y querrás separarte de esos otros candidatos posiblemente haciendo una conexión con la persona que te estaba entrevistando. Desde el momento en que entras en el edificio, o en la sala de conferencias o en la oficina donde se realiza la entrevista, debes observar los alrededores para ver si puedes encontrar algo que te ayude a establecer una conexión con el entrevistador. ¿Hay boletines de la empresa en el vestíbulo para que los invitados los lean, una vitrina de trofeos de la empresa o un cuadro de la historia? ¿Qué pertenencias personales ves en la oficina de tu entrevistador? Fotos de la familia, trofeos de softball o de bolos, diploma universitario, etcétera. ¿Puedes usar cualquiera de estas cosas para encontrar un terreno común? Hace muchos años, estaba tratando de conseguir el negocio de un hombre que más tarde se convertiría en un gran cliente de mi empresa. Al conocerlo por primera vez en su oficina, noté que tenía un trofeo de béisbol en uno de los estantes de su oficina y también tenía una versión enmarcada de un banderín de béisbol de los Minnesota Twins y boletos de la Serie Mundial colgados en su pared. Supuse inmediatamente que este hombre era un fanático del béisbol y, como ávido fanático del béisbol, yo mismo empecé nuestra conversación preguntándole si era un fanático del béisbol. Por supuesto que lo era, y encontramos un terreno común inmediatamente. Hasta este día, juro que una de las razones por las que pude asegurar su negocio fue porque teníamos un amor común por el béisbol. Por supuesto, nada de esto habría importado si mi compañía no hubiera sido un buen ajuste para su negocio, pero nuestro amor mutuo del béisbol permitió que me separara de otros candidatos inmediatamente. He tenido clientes que han podido hacer la misma cosa con mutuas alma maters, comparando niños ("¿Éstos son tus hijos? Tengo tres hijos…"), etcétera. Si puedes encontrar un terreno común o hacer una conexión con tu entrevistador, es probable que aumentes tus posibilidades de conseguir el trabajo.

Cómo Destacar Instantáneamente Entre Los Demás Candidatos.

Como he señalado antes, las entrevistas de trabajo son una especie de competencia. Hay múltiples candidatos para casi todas las ofertas de empleo y si vas a conseguir el trabajo probablemente tendrás que destacarte de tu competencia. Si no lo haces, es probable que te olviden rápidamente.

Cuando mis clientes me preguntan cómo pueden destacarse en una entrevista, tengo una serie de sugerencias sobre cómo hacerlo:

Ya he señalado anteriormente lo importante que es para ti hacer tus deberes de camino a una entrevista. Una de las formas más seguras de destacar en una entrevista es saber más sobre la empresa que cualquier otra persona. La mayoría de las entrevistas ofrecen muchas oportunidades para demostrar que han hecho su investigación y para mostrar cuánto saben sobre la compañía. Obviamente, las preguntas que haces durante una entrevista también pueden mostrar que has investigado la empresa a fondo. Si no le muestra al entrevistador que sabe algo sobre la compañía con la que se está entrevistando, es probable que piensen que no estás muy interesado en el trabajo.

Otra forma de destacar en una entrevista es simplemente ser uno mismo. Yo animo a los clientes a ser ellos mismos durante una entrevista, aunque sólo sea porque muchas personas no somos buenas para pretender ser alguien que no somos. No somos actores y si estás intentando ser otra persona durante la entrevista, la mayoría de los entrevistadores serán capaces de detectarlo. Otra razón por la que animo a los clientes a ser ellos mismos es porque si realmente consiguen el trabajo, el empleador probablemente va a descubrir rápidamente quién es realmente el empleado de todos modos. Por tanto, por extraño que parezca, se puede destacar en una entrevista siendo uno mismo.

Y aquí hay una forma importante de que te destaques. Trata tus entrevistas como si fueran conversaciones. Las entrevistas son una calle de doble sentido. No vas a causar una buena impresión si tratas la entrevista como un examen universitario o un interrogatorio policial, en el que el entrevistador hace todas las preguntas y tú proporcionas obedientemente todas las respuestas. Es importante que intentes convertir la entrevista en una conversación. Puedes hacerlo haciendo preguntas relacionadas a lo largo del proceso de la entrevista. De nuevo, como he mencionado muchas veces antes, si vas a convertir la entrevista en una conversación en vez de un interrogatorio, vas a tener que estar totalmente involucrado en lo que se diga durante la misma. Escucha atentamente y luego haz preguntas o añade comentarios según lo consideres oportuno. Una buena manera de hacerlo es terminar tu respuesta con una pregunta relacionada. Por ejemplo, si te preguntan por qué crees que encajas bien en el trabajo para el que te estás entrevistando, podrías decir: "Por todo lo que he leído o escuchado, es una compañía que se preocupa profundamente por sus clientes. Yo soy igual. Me da mucha satisfacción saber que mis clientes valoran los productos y servicios que vendo. Esta compañía parece hacer un mejor trabajo en eso que sus competidores. ¿Estoy en lo cierto al pensar eso y puede usted compartir por qué cree que es así?" Observe que el entrevistado ha respondido a la pregunta y luego la ha seguido con una pregunta propia relacionada, una pregunta que no es una pregunta de sí o no, una que esperamos ayude a convertir la entrevista en una conversación más que un interrogatorio o un examen.

Otra forma de destacar en una entrevista será proporcionar un resumen adicional de una hoja, además de tu currículum y tu carta de presentación, explicando por qué eres un buen candidato para el trabajo específico que estás solicitando. He tenido algunos clientes que presentan este resumen durante la entrevista y otros clientes que envían este resumen después de la entrevista. Algunos de mis clientes confían en esta técnica, sin importar si se presenta durante o después de la entrevista. También he tenido clientes que han presentado planes de 30, 60 o 90 días sobre lo que esperan lograr en sus primeros días de trabajo en la empresa. Estos planes casi siempre se presentan en los días inmediatamente posteriores a la entrevista (obviamente antes de que la empresa haya tomado una decisión de contratación). Al hacer algo adicional al currículum vitae estándar y a la carta de presentación, podrás reiterar tu sincero interés en el trabajo.

Si el entrevistador te pide ejemplos de cómo has tenido éxito en tus trabajos anteriores, te recordaré de nuevo que utilices números siempre que sea posible para documentar tu éxito, por ejemplo: "Fui responsable de aumentar las ventas en la Región Nordeste en un 135% en los dos primeros años que tuve esa región". U otro ejemplo: "Como director de desarrollo de franquicias, pasamos de 45 imprentas franquiciadas a 87 imprentas franquiciadas en un año. El objetivo de la empresa cuando llegué allí era abrir 20 locales al año y mi equipo y yo pudimos superarlo en 22 locales". El resultado final es que los números funcionan para ilustrar el éxito y los logros. Con los números, se puede convertir una declaración intangible en una tangible.

Y, finalmente, otra forma de destacar después de una entrevista es enviar una nota manuscrita de agradecimiento/encantado por la reunión. Sí, he dicho escrito a mano, no a máquina. Lo escrito a mano es mucho más personal que una nota mecanografiada. Si la empresa está muy cerca de ti, puedes incluso entregarla en mano. Si no, puedes enviarla a través de la Oficina Postal de los Estados Unidos o de un servicio de entrega, pero envíala inmediatamente, dentro de las 24 horas. Y, obviamente, asegúrate de que la ortografía, la gramática y la puntuación sean correctas.

Lenguaje Corporal Convincente Que Te Pone Por Delante Del Juego.

Así que crees que has hecho todo lo posible para causar una gran primera impresión. Estás impecablemente vestido, puliste tus zapatos, te cortaste el pelo y te hiciste la manicura de las uñas. Sin embargo, si no prestas atención a las señales que envía tu cuerpo, éste puede trabajar en tu contra y perjudicar la imagen que intentas transmitir con tu apariencia.

El lenguaje corporal es importante. Todos conocemos a personas que pueden cautivar una habitación cuando entran en ella. En cuestión de segundos, las personas formarán percepciones sobre una persona basadas en su lenguaje corporal. Así que todo el tiempo y dinero que gastaste en el nuevo traje, el corte de pelo e incluso la nueva cartera de cuero pueden volar en pedazos en un momento.

Uno de los elementos clave del lenguaje corporal es la postura adecuada. Si quieres mostrar un aire de confianza, es importante que "camines erguido". Párate derecho, con la barbilla hacia arriba y los ojos hacia arriba. Ciertamente, nada de aflojar o encorvarse. Nada peor que escabullirse en una habitación.

Ya he mencionado la importancia de un firme apretón de manos cuando te presentas a alguien. Sí, es un arte hacer algo tan simple como un apretón de manos. Cuando te presenten a tu entrevistador, deja de lado el apretón de manos de pescado y reemplázalo por el apretón de manos de "chico grande". Hombre o mujer, debes ofrecer un firme y genuino apretón de manos. Dicho esto, no des un apretón de manos tan fuerte que vayas a aplastar la mano de la otra persona. Siempre de pie, y nunca sentado, cuando estés dando la mano. No tires a la otra persona hacia ti con tu apretón de manos... No es un combate de lucha de brazos. Y evita las manos sudorosas. Y ten en cuenta que hay algunas personas que no quieren dar la mano. La mayoría de nosotros conocemos a algunas personas que son germofóbicas y que tratan de evitar el contacto físico siempre que sea posible. Si te encuentras con un entrevistador que es germofóbico, no lo tomes como algo personal.

Al mismo tiempo que le das la mano a alguien, necesitas hacer contacto visual con él. Y continuar haciéndolo tanto como sea posible durante la entrevista. Al hacer contacto visual con alguien, irradiarás una sensación de confianza, autenticidad y sinceridad. Recuerda que uno de tus objetivos para la entrevista será crear un vínculo o una conexión con tu entrevistador. El contacto visual puede ayudarte a lograrlo. Si estás mirando al suelo o a la pared cuando le das la mano a tu entrevistador, es posible que le des la idea de que estás inseguro.

Además de tu postura y tus ojos, presta atención a lo que haces con tus brazos y piernas a lo largo de la entrevista. No cruces las piernas cuando estés de pie o sentado. No coloque las manos en las caderas cuando estés de pie. No te inclines hacia un lado. No cruces los brazos sobre el pecho en ningún momento. Los expertos en lenguaje corporal te dirán que esa es una posición defensiva que no juega bien con la persona con la que te reúnes.

Y presta atención a lo que haces con tus manos durante la entrevista. Si eres una persona que hace muchos gestos con las manos, no señales nada, ya que eso puede parecer una amenaza. Los gestos con la palma de la mano abierta o con las manos abiertas se consideran aceptables. Si estás un poco inquieto, intenta no darte golpecitos en los dedos de las manos o de los pies durante la entrevista.

Y no juegues con tu cabello, ni hagas clic repetidamente en tu bolígrafo o sacudas las monedas de tus bolsillos, etcétera. Es probable que algunas de esas rarezas o malos hábitos causen una mala impresión a las personas que conozcas en tu entrevista.

Y finalmente, sonríe cuando sea apropiado. Y no tengas miedo de mostrar esos blancos nacarados, a menos que tengas malos dientes.

Puedo hablar por experiencia personal en cuanto a las expresiones faciales. La gente me ha dicho antes que tengo una cara muy seria. Como esa mirada tiende a hacerme parecer malhumorado o inaccesible, cada vez que conozco a alguien en persona ahora, me aseguro de hacer un esfuerzo extra para ofrecer una gran sonrisa que me haga más acogedor y más accesible.

Por lo tanto, al repasar este capítulo, permite que vuelva a hacer hincapié en la importancia de causar una buena primera impresión en una entrevista. Aunque es probable que no puedas conseguir el trabajo con una buena primera impresión, podrías perder la oportunidad de conseguir un trabajo con una mala primera impresión. Por eso no debes ignorar la impresión visual que estás causando con la entrevista. Si prestas atención a algunos detalles menores, estarás seguro de que no has perdido el trabajo antes de que empiece la entrevista.

Preparación para entrevistas de trabajo

Capítulo 6—Supera La Entrevista Con Éxito

Al entrevistarte para un trabajo, tendrás una ventaja para conseguir el trabajo de tus sueños si entiendes lo que los entrevistadores quieren oír. De la misma manera, te beneficiarás al saber algunas cosas que nunca debes decir en una entrevista. Y luego, también querrás comunicarle al entrevistador que tienes las habilidades sociales que asegurarán tu posición como empleado valioso y te colocarán por encima de los otros candidatos para el mismo trabajo. (Para aquellos de ustedes que no estén familiarizados con las habilidades sociales, les explicaré esto con más detalle más adelante en este capítulo).

11 Cosas Que Tu Futuro Empleador Quiere Escuchar.

Cuando te entrevisten para un trabajo, es probable que te hagan muchas preguntas. Algunos candidatos cometen el error de no entender por qué el entrevistador hace las preguntas que le hacen. Si tienes una idea de por qué el entrevistador está haciendo las preguntas que está haciendo, te resultará mucho más fácil determinar las cosas que quieren escuchar de ti. Aquí hay algunas cosas que a los entrevistadores les encanta escuchar de los candidatos, sin ningún orden en particular.

1) *"Estoy auto-motivado. Si me das un proyecto, puedo tomarlo desde el principio hasta el final... Y puedo terminarlo a tiempo. No tendrás que microgestionarme. Puedo trabajar con una mínima supervisión".*

Preparación para entrevistas de trabajo

2) "Tomo bien la orientación. No tendrás que decirme lo mismo varias veces. Si me dices lo que tengo que hacer una vez, no tendrás que decírmelo otra vez".

3) "Soy un buen comunicador. Te mantendré a ti y a mis compañeros de trabajo informados sobre cualquier proyecto en el que esté trabajando".

4) "Trabajo y juego bien con los demás. Soy un jugador de equipo, no un lobo solitario".

5) "Puedo guiar o seguir. Hago ambas cosas bien".

6) "Soy enseñable. Me apresuro a admitir que no lo sé todo y que estoy dispuesto y ansioso por aprender de los demás".

7) "Tengo las habilidades para hacer el trabajo". (Reitera tus habilidades aquí).

8) "Soy un buen candidato para este trabajo y soy un buen candidato para esta compañía". (Detalla por qué encajas bien aquí).

9) *"Soy leal. Seré leal a mi supervisor y leal a la compañía".*

10) *"Mis metas y objetivos coinciden con la misión y el propósito de esta empresa".*

11) *"Quiero decir de nuevo que me encantaría tener la oportunidad de trabajar aquí".* (Suponiendo que todavía está entusiasmado con el trabajo cuando la entrevista se acerca a su fin, debes reiterar tu interés y entusiasmo hacia el trabajo antes de salir de la entrevista. Si quieres el trabajo, debes asegurarte de que sepan que quieres el trabajo).

Ocho Cosas Que No Querrás Decir En Una Entrevista De Trabajo.

Así como hay algunas cosas que definitivamente debes tratar de mencionar en tu entrevista, hay cosas que no debes decir en una. He enumerado a continuación algunos errores comunes que la gente comete en las entrevistas. Espero que estos errores te den una idea de lo que no debes decir durante una entrevista.

1) *"Entonces, ¿qué hacen aquí?"* Alguien no ha hecho sus deberes.

2) *"Sé que no tengo mucha experiencia, pero..."* No es necesario señalar tus defectos y mostrar una falta de confianza al mismo tiempo. Si el entrevistador tiene tu currículum o solicitud, ya sabrá que te falta experiencia.

3) *"No me llevaba bien con mi jefe"* o *"No me gustaba la última empresa para la que trabajé"*. Destruir a los empleadores anteriores no va a ser de ayuda.

4) *"¿Cuánto tiempo de vacaciones tengo?"* Esto se discute mejor en una entrevista posterior cuando se discute el salario o el paquete de compensación.

5) *"Me gustaría empezar mi propio negocio lo antes posible"*. ¿Por qué alguien debería contratarte cuando estás buscando salir lo antes posible?

6) *"Haré lo que quieras que haga"*. Suena demasiado desesperado.

7) *"¿Qué tan pronto promueves a los empleados?"* Una vez más, esto parece desesperado y probablemente hará que el entrevistador piense que no puedes esperar a pasar del puesto para el que están contratando.

8) *"No, no tengo ninguna pregunta"*. Ya he discutido esto anteriormente. Si el entrevistador te pregunta si tienes alguna pregunta, no dejes pasar la oportunidad de hacer preguntas relevantes. No sólo puedes usar las preguntas para obtener cualquier información adicional que estés buscando, sino que también podrás transmitir tu interés en el puesto al entrevistador.

10 Habilidades Blandas Y Cómo Demostrarlas.

Cuando hablamos de la demostración de las habilidades blandas, me doy cuenta de que algunos de ustedes no saben lo que son (también mencionadas como "habilidades sociales"). Con esto en mente, permítanme primero decirles lo que son las habilidades blandas. Las habilidades blandas son atributos personales, rasgos de personalidad, señales sociales o habilidades de comunicación. Las habilidades blandas son generalmente cualidades mucho menos tangibles que las habilidades duras. Las habilidades duras son habilidades laborales específicas o certificaciones. Ejemplos de habilidades duras son los diplomas de la escuela secundaria, títulos universitarios o de escuelas de comercio, licencias o certificaciones profesionales, finalización de programas de capacitación, capacitación en el trabajo, experiencia laboral, etcétera. Las destrezas difíciles son destrezas laborales específicas y tangibles o prueba de destrezas laborales. Las destrezas blandas son cualidades menos tangibles que normalmente no se califican con títulos, certificados o licencias.

Cuando una compañía está evaluando tu currículum, generalmente se fijarán primero en las habilidades difíciles que has enumerado en tu él. Quieren asegurarse de que tus habilidades duras cumplen con sus requisitos y también es probable que quieran comparar tus habilidades duras con las de los otros candidatos. Por ejemplo, si están buscando un gerente de contabilidad, generalmente estarán buscando a alguien que tenga un título de contabilidad y posiblemente a alguien que haya aprobado el examen de la Junta de Contadores Públicos. Esas son habilidades tangibles y difíciles. Si no tienes esas habilidades duras, es probable que seas eliminado de la competencia.

Después de que estos posibles empleadores hayan determinado tus habilidades duras, pasarán a tus habilidades blandas. Si has "aprobado" los requisitos de habilidades duras, es probable que el hecho de que obtengas o no el trabajo esté determinado por tus habilidades blandas. A continuación, he enumerado algunas de las habilidades blandas más comunes que buscan los empleadores. Como sabes, la mayoría de los currículos y cartas de presentación tienen un espacio limitado. Aunque te animo a que incorpores tus habilidades blandas en tu currículum y cartas de presentación, soy consciente de que rara vez hay suficiente espacio para que enumeres todas tus habilidades blandas. Por lo tanto, es muy importante que menciones que tienes estas habilidades en tu entrevista. Al enumerar las habilidades blandas en tu currículum, te sugiero que las etiquetes como "habilidades transferibles", ya que son cualidades que generalmente se pueden transferir a casi cualquier trabajo que estés solicitando.

En su mayor parte, las habilidades blandas se adquieren durante un período de tiempo en lugar de en clases o sesiones de capacitación. Mientras que alguien puede obtener una especialización en periodismo tomando clases de periodismo en la universidad, por lo general la gente no adquiere habilidades blandas como las de comunicación, las creativas o las de resolución de problemas tomando clases. Estas destrezas blandas se adquieren normalmente por medio del "aprendizaje a través de la experiencia", o la "a los golpes" como dirían algunos.

Las habilidades blandas son a menudo consideradas invaluables por los empleadores, ya que son habilidades transferibles que pueden ser utilizadas en casi cualquier trabajo. Los trabajos de servicio al cliente o los trabajos en los que los empleados entran en contacto directo con los clientes son particularmente propicios para las habilidades blandas.

Al determinar las habilidades blandas que deseas promover, deberías leer la publicación para esa posición y anotar cualquier habilidad blanda que se mencione en esa publicación. Estas son habilidades que debes asegurarte de incluir en tu currículum, en tu carta de presentación y en tu entrevista, suponiendo que tienes las habilidades que se describen.

Por ejemplo, si el anuncio de empleo menciona que la empresa está buscando a alguien para formar parte de su equipo o las palabras clave del anuncio incluyen palabras como "equipo", "trabajo en equipo" o "trabaja con otros", entonces sabrás que la empresa está buscando a alguien que tiene esta habilidad. Casi todos los anuncios de trabajo mencionan al menos un par de habilidades blandas que el empleador está buscando.

Aquí hay algunas habilidades comunes que las compañías buscan en las personas que contratan:

1) Motivado o auto-motivado.

2) Trabajador duro o una fuerte ética de trabajo.

3) Adaptabilidad.

4) Jugador de equipo, capaz de trabajar bien con los demás.

5) Comunicador.

6) Pensador creativo, pensar fuera de la caja, pensamiento crítico.

7) Toma de decisiones.

8) Capaz de resolver conflictos o problemas.

9) Gestión del tiempo, capacidad de priorizar.

10) Positividad, entusiasmo.

Nuevamente, antes de tu entrevista, deberías revisar las habilidades blandas que se mencionan en el anuncio de empleo y hacer un inventario de tus propias habilidades blandas para ver cuáles corresponden a las que el posible empleador está buscando. Luego, debes desarrollar un plan sobre cómo puedes hacer saber al entrevistador que tienes estas habilidades. Por ejemplo, si en el anuncio se menciona que el empleador está buscando un trabajador duro y que tú eres realmente un trabajador duro, tendrás que averiguar cómo agregar esto a tu entrevista. No importará si dejas esta información en la entrevista directa o indirectamente, pero definitivamente necesitas dejarle saber al entrevistador que eres un gran trabajador.

Si puedes proporcionar ejemplos específicos para mostrar que eres un trabajador duro, eso es aún mejor. Por ejemplo, un cliente mío estaba haciendo una entrevista para un trabajo de relaciones públicas en el que la responsabilidad principal incluía la planificación de eventos. En el anuncio de este trabajo se mencionaba que la empresa estaba buscando contratar a alguien que estuviera dispuesto a trabajar duro si fuera necesario para completar un proyecto. Por tanto, durante su entrevista, mi cliente mencionó que ella era una trabajadora dedicada y que estaba dispuesta a trabajar las horas que fueran necesarias para cumplir con las metas del departamento o para completar los proyectos a tiempo. Ella dio el ejemplo específico de cómo había coordinado una carrera de botes de cartón de leche en uno de sus trabajos anteriores. (Sí, botes hechos de cartones de leche.) Su compañía había sido el único patrocinador de este evento y su supervisor y el equipo de administración habían subestimado la cantidad de tiempo que tomaría para organizarlo. Como resultado, mi cliente y sus dos miembros del equipo tuvieron que trabajar 12 horas diarias, 7 días a la semana en las dos semanas previas al evento para asegurarse de que éste se desarrollara según lo planeado. Como resultado del trabajo de ella y de los miembros de su equipo, el evento se desarrolló sin problemas y ella recibió muchos agradecimientos de los ejecutivos de la compañía que reconocieron su duro trabajo y un agradecimiento especial del supervisor que había subestimado la cantidad de tiempo que se necesitaría para planear el evento.

Como puedes ver, mi clienta no sólo mencionó que era una trabajadora dedicada, sino que también contó una historia que demostraba que lo era, dispuesta a hacer lo que fuera necesario para que el evento fuera un éxito.

Te daré otro ejemplo. Otra compañía que buscaba un representante de servicio al cliente mencionó que buscaban candidatos que resolvieran problemas. Uno de mis clientes estaba solicitando este trabajo en una compañía de productos promocionales, una compañía que provee artículos impresos a medida como camisetas, bolígrafos, bolsas de mano, etcétera, para clientes corporativos. Mi cliente tenía experiencia previa con una empresa de productos promocionales y contó esta historia cuando se le pidió que describiera una situación problemática en un trabajo anterior y cómo la manejó. Un cliente había pedido repuestos de calendarios diarios cada año durante muchos años. Un año, el cliente se retrasó en hacer su pedido y para cuando mi cliente fue a pedir estos repuestos de calendario para su cliente, la fábrica se había agotado y no iban a recibir más de estos repuestos, ya que estaban hechos en Malasia y el tiempo de entrega para recibir los repuestos adicionales iba a ser hasta bien entrado marzo o abril del año siguiente. En lugar de dejar este problema en manos de su cliente, mi cliente trabajó inmediatamente para encontrar otra fábrica que tuviera repuestos similares, pero no idénticos, que funcionaran. Tuvo que hacer unas tres horas de investigación y hacer una docena de llamadas telefónicas para encontrar una solución al problema, pero lo hizo. Luego se puso en contacto con su cliente para hacerle saber el problema inicial y, al mismo tiempo, explicarle que había encontrado una solución. Inmediatamente se ofreció a enviar al cliente una foto de los blocs de recambio de calendarios alternativos y el cliente los encontró aceptables. Todo esto para un cliente que estaba haciendo un pequeño pedido de unos $150.

Esta historia ciertamente mostró la capacidad de mi cliente para atacar un problema y resolverlo, a pesar del pequeño tamaño del pedido. Demuestra que fue capaz de ir "más allá" para resolver un problema en nombre de su cliente.

Si puedes encontrar una manera de comunicar efectivamente tus habilidades blandas a tu entrevistador, te darás una oportunidad mucho mejor de conseguir el trabajo.

Capítulo 7—Detalles Finales

Con este capítulo, voy a decirte cómo dar los últimos toques a lo que esperamos sea una entrevista exitosa. Te daré algunas preguntas que puedes hacerle al entrevistador, te diré cómo abordar la discusión sobre el salario y el paquete de compensación, y te diré qué hacer cuando y si una pregunta te toma desprevenido. Y también discutiremos si y cuándo está bien mentir o maquillar durante una entrevista.

11 Grandes Preguntas Para Hacer Al Gerente De Contrataciones.

Como ya hemos mencionado antes, cuanto más puedas convertir tu entrevista en una conversación en lugar de un interrogatorio o un examen, más éxito tendrás. Recuerda, las entrevistas son calles de doble sentido. El entrevistador no debe ser la única persona que recopile información. También debes hacer las preguntas que necesitas saber sobre el trabajo que estás solicitando.

Hacia el final de casi todas las entrevistas, es probable que el entrevistador o el gerente de contratación te pregunte si tienes alguna pregunta. Como hemos discutido antes, la peor manera posible de responder a esta pregunta es decir que no tienes ninguna pregunta. Si lo haces, es probable que el entrevistador piense que no estás preparado o que estás desinteresado.

Debes ver esta pregunta del entrevistador como una oportunidad para reunir cualquier información adicional que estés buscando y también para enfatizar nuevamente las cualidades, habilidades, experiencia y la razón por la cual eres un buen candidato para el trabajo.

Preparación para entrevistas de trabajo

Una vez más, sugiero seriamente que prepares algunas preguntas por adelantado, al menos media docena. Y luego, cuando la entrevista termine y te pregunten si tienes alguna pregunta, debes seleccionar dos o tres preguntas para hacerle al entrevistador. Como es probable que el entrevistador responda algunas de las preguntas que tenías antes de la entrevista, asegúrate de no hacer preguntas que pidan información sobre temas que ya han sido cubiertos. Si lo haces, el entrevistador sabrá con certeza que no prestaste atención a lo que él o ella dijo durante la entrevista. Por otro lado, a medida que tú y el entrevistador hablen durante la entrevista, es probable que se te ocurran algunas preguntas adicionales que son más pertinentes que las preguntas que tenías originalmente la intención de hacer.

A continuación, encontrarás algunos de los tipos de preguntas que puedes hacer al entrevistador durante esta parte de la conversación. Algunas cosas rápidas antes de entrar en estas preguntas de muestra: Cuando le hagas preguntas al entrevistador, trata de no hacerle preguntas que tengan respuestas de sí o no. Hazles preguntas que puedan explicar. Y, por otro lado, no hagas preguntas que los van a desconcertar o de las que no van a saber las respuestas. Por ejemplo, si te estás entrevistando con la persona de recursos humanos para un puesto publicitario, no deberías hacerle preguntas técnicas sobre métodos o filosofías publicitarias. Esas preguntas se le harán mejor al director de publicidad con el que probablemente te encontrarás en una entrevista posterior. Y, por último, aunque trataré esto con más detalle más tarde, la primera pregunta que salga de tu boca no debería ser "¿Cuál es el salario?". En mis experiencias anteriores como entrevistador, un candidato me hizo esta pregunta a menos de dos minutos de la entrevista. Inmediatamente lo descarté como candidato y corté lo que se suponía que era una entrevista de 45 minutos a una de 20 minutos. También tuve otro candidato que me preguntó, poco después de que se sentara, "Entonces, ¿qué hacen todos ustedes aquí?"

Preparación para entrevistas de trabajo

Inmediatamente supe que no había hecho ninguna investigación, aparte de quizás cómo conducir a la entrevista, y lo descarté inmediatamente.

Aquí hay algunas preguntas que podrías hacer en tu entrevista cuando tengas la oportunidad de hacerlo:

1) *"¿Puedes contarme un poco sobre la cultura de la compañía o cómo es trabajar aquí?"* Esto es algo que definitivamente querrás averiguar antes de aceptar el puesto.

2) *"¿Cuáles son los siguientes pasos en el proceso de entrevista?". "¿Cuándo desea tener a alguien a bordo para este puesto?"* Y si te vas a reunir con una persona de recursos humanos o con un gerente de contratación, definitivamente debes averiguar a quién te vas a reportar y si podrás conocer a esa persona durante el proceso de entrevista.

3) *"¿Ofrecerá este trabajo una eventual oportunidad de ascenso?" "¿Puede decirme si alguna de las personas que anteriormente ocupaba este puesto avanzó en la empresa o en su carrera?"*

4) *"¿Es este un nuevo puesto o está buscando llenar un puesto que alguien ya ha ocupado anteriormente? Y, si no te importa que pregunte, ¿qué hizo la persona que previamente llenó esta posición?"* O, simplemente puedes preguntar, *"¿Por qué está este trabajo abierto o disponible?"*

5) *"¿Este trabajo requiere muchos viajes?" "¿Hay alguna posibilidad de que me reubiquen en esta posición?"*

6) *"¿Cuáles son los planes de crecimiento y desarrollo de la empresa?" "¿Cuáles son los planes del departamento?"*

7) *"¿Cuál es la mejor parte de trabajar para esta compañía?" "¿Qué es lo más desafiante?"* De nuevo, otra pregunta que puede ayudarte a obtener una visión adicional sobre la cultura de la empresa.

8) *"¿Hay algo que pueda aclararle en cuanto a mis aptitudes?"* Esta pregunta puede ayudarte a identificar si el entrevistador tiene alguna inquietud y, en caso afirmativo, podrás abordar esas inquietudes.

9) En el improbable caso de que el entrevistador no haya explicado las responsabilidades del trabajo, debes preguntar. En el mismo sentido, podrías preguntar: *"¿Puedes darme una idea de cómo podría ser un día típico en este puesto?"*

10) *"¿Cómo es una semana de trabajo promedio? ¿La mayoría de los empleados hacen muchas horas extras?"*

11) Y por último, *"¿Qué sigue?"* o *"¿Cuándo espero saber de usted?"*, *"¿Cuándo quiere que me ponga en contacto con usted?"* o *"¿Está bien si hago un seguimiento en un par de días?"* No te vayas de la entrevista sin saber cuál es el siguiente paso. Si te vas sin obtener esta información, tendrás que dedicar mucho tiempo a adivinar si sigues o no optando al trabajo.

Una Guía Esencial Para Las Negociaciones Salariales.

Dependiendo del trabajo que solicites, puedes tener la oportunidad de negociar el salario. Por supuesto, hay algunos trabajos en los que el nivel salarial ya está fijado. El hijo de mi vecino se entrevistó recientemente para un trabajo como vendedor de temporada en una cadena de tiendas. Es obvio que un puesto en un entorno corporativo estructurado como éste va a tener estructuras salariales predeterminadas y no va a poder negociar su salario como empleado de nivel inicial. Estos son empleos que son lo que yo llamo empleos de entrevista única, en los que sólo se requiere una entrevista antes de que un candidato reciba una oferta o sea eliminado de la competencia.

Por otro lado, la mayoría de las situaciones de entrevistas múltiples permiten algunas negociaciones salariales. Ahora bien, si bien todos podemos afirmar que el dinero nunca debe ser el factor principal para aceptar un empleo, también hay que recordar que la cantidad que se te paga puede tener un efecto en la forma en que percibes el trabajo. Si no estás contento con el salario que recibes o sientes que tu salario no refleja adecuadamente los talentos y habilidades que aportas a la empresa, puedes encontrar que tu salario (o la falta del mismo) te desanima, resiente o incluso enfada. Si estás decepcionado con el salario que ganas, puede que incluso descubras que tu decepción te lleva a un mal rendimiento.

En mi vida laboral anterior, trabajé para una compañía que era notoria por pagar mal a sus empleados. Era un gran lugar para trabajar... Excepto por los salarios que pagaban a sus empleados. Como resultado de esta reputación, los empleados que trabajaban para esta compañía eran el blanco frecuente de cazatalentos o reclutadores corporativos que buscaban colocar a las personas en diferentes puestos de trabajo. En ese momento, yo era un joven ejecutivo en ascenso dentro de la empresa y ocupaba un puesto que conllevaba mucha responsabilidad. Yo era muy trabajador y muy bueno en lo que hacía; incluso mis supervisores lo decían. En este puesto, recibía frecuentemente llamadas de cazatalentos que me ofrecían entrevistas para puestos similares que pagaban salarios mucho más altos. A los 26 años, no quería dejar una empresa en la que me gustaba trabajar, pero era plenamente consciente de que un salario más alto podría ayudarme a salir de la posición de vivir de cheque en cheque. Esperaba poder pagar mis préstamos universitarios y luego comprar una casa modesta. Algunas de las oportunidades de entrevista que los cazatalentos describieron incluían salarios que eran más del doble de lo que yo ganaba y, generalmente, esos trabajos conllevaban mucha menos responsabilidad que el trabajo que yo tenía. Por lo tanto, era desalentador saber que no me pagaban justamente. Me resistí a las solicitudes semanales de entrevistas durante bastante tiempo, pero eventualmente mi nivel salarial empañó mi percepción del trabajo que tenía. Finalmente empecé a aceptar algunas de las invitaciones a las entrevistas y terminé aceptando un trabajo que ofrecía casi el triple de lo que había estado ganando.

La moraleja de la historia es que, independientemente de lo insignificante que pueda parecer el salario, todavía tendrás cuentas que pagar y querrás asegurarte de que se te paga justamente. Si no te pagan justamente, probablemente encontrarás que tu falta de salario probablemente impactará en tu actitud y posiblemente afectará tu desempeño.

Con suerte, tendrás una idea al entrar en la entrevista de cuáles son las "tarifas del mercado" para el trabajo que te interesa. Si no estás seguro, puedes usar varios sitios de Internet para obtener información sobre el salario. Sitios como indeed.com, glassdoor.com y LinkedIn ofrecen información salarial de la industria que puedes utilizar como guía.

Es importante señalar que el salario se discute generalmente cerca del final de una situación de entrevista. En el caso de una entrevista múltiple, podrías tener primero una entrevista telefónica y/o una entrevista de vídeo antes de entrevistarte con alguien cara a cara. En estos casos, encontrarás que el salario raramente se discute en las entrevistas iniciales. Dicho esto, nunca debes esperar hasta el final de una entrevista para discutir el salario o el paquete de compensación. El salario no debe ser una idea tardía y, si esperas demasiado tiempo para hablar del salario, perderás parte de la influencia que podrías tener la negociación.

Normalmente el entrevistador será el primero en abordar el tema, pero si no lo hace y parece que es el momento de hablar del salario, puedes comenzar la discusión preguntando algo como: "¿Sería ahora un buen momento para hablar del salario?"

Lo ideal sería que el entrevistador te diera un rango salarial antes de que tengas que dar demasiada información sobre tus requisitos salariales. Es probable que algunos entrevistadores te pregunten cuál es tu salario en tu puesto actual. Si te hacen esta pregunta, te animo a que tengas cuidado de no dar demasiada información. Si sueltas tu salario actual, es casi seguro que estarás restringiendo el salario que te ofrecerán en el nuevo trabajo. Por ejemplo, si ganas un salario anual de $40,000 y se lo dices al entrevistador, es probable que no recibas un salario que exceda tu salario actual en más de un 10%. Las investigaciones demuestran que muchos empleadores son reacios a aumentar los salarios de los nuevos empleados de manera sustancial si conocen el nivel salarial actual del nuevo empleado y creen que un aumento de alrededor del 10% es suficiente para conseguir que alguien deje otro trabajo.

Por lo tanto, lo ideal es que le preguntes al posible empleador si tiene un rango salarial en mente para el trabajo. Si continúan presionándote por tu salario actual, podrías responder diciendo, "Lo que hago en mi posición actual realmente no es relevante, ya que este sería un trabajo diferente con una compañía diferente y diferentes responsabilidades. Sólo busco un trabajo que me pague justamente en base a mis talentos y habilidades". Y luego podrías añadir la pregunta: "¿Puede decirme qué tipo de presupuesto tiene para este puesto?"

Cabe señalar que nunca recomendaría que mintieras sobre tu salario actual. Aunque algunas personas lo hacen, y lo hacen con éxito, debes saber que si te atrapan en una mentira, arruinarás tu oportunidad de conseguir el trabajo inmediatamente. También recuerda que podrías haber llenado una solicitud en la que se te pidió que indicaras tu salario actual. Al llenar esta parte de una solicitud, les digo a mis clientes que indiquen el salario que desean en esta línea de la solicitud. Por ejemplo: (El rango de salario deseado es de $50,000/año).

Por lo tanto, una vez más, trata de no ofrecer tu información salarial actual demasiado rápido (a menos que ya te paguen por el precio de mercado). Al revelar tu salario, es probable que pierdas algo de tu influencia en la negociación de un salario más alto.

Qué Hacer Cuando Te Preguntan Algo Que Te Toma Desprevenido.

Independientemente de la duración o el grado de preparación de la entrevista, es probable que te hagan una o dos preguntas que te dejen desconcertado. No dejes que estas preguntas te pongan nervioso o que te confundan. Tengo algunos consejos sencillos que te permitirán tener más tiempo para ordenar tus pensamientos.

Puede ganar más tiempo para desarrollar tu respuesta simplemente reconociendo la pregunta. Aquí hay algunos ejemplos de reconocimientos:

-- *"Oh, esa es una buena pregunta."*

-- *"Oh, nunca me habían preguntado eso antes."*

-- *"Déjame pensarlo un momento..."*

-- Si crees que puedes dar una buena respuesta a la pregunta, puedes decir, *"Me alegro de que hayas preguntado eso"*.

Otra forma de ganar más tiempo es simplemente reformular o repetir la pregunta. *"Si yo fuera un árbol, ¿qué clase de árbol sería y por qué?"* o *"Entonces, ¿qué clase de árbol sería?"*

Y, si no entiendes totalmente la pregunta, puedes pedirle al entrevistador que te aclare la pregunta. *"Quiero asegurarme de que entiendo la pregunta. ¿Puedo pedirle que se profundice en eso o que lo aclare?"*

Y, por último, si la pregunta que se te hace es una pregunta de varias capas, no dudes en escribir algunas notas sobre cómo podrías responder. Pero si está tomando notas, asegúrate de tomarlas rápidamente. No querrás retrasar la entrevista mientras tomas notas.

¿Está bien mentir? ¿Cuándo está bien mentir en una entrevista?

No es un secreto que algunas personas mienten en las entrevistas. Tal vez es la presión de conseguir ese trabajo que realmente quieres. Tal vez es la idea, a veces cierta, de que mentir, adornar u omitir cierta

Preparación para entrevistas de trabajo

información de una entrevista te ayudará a conseguir el trabajo.

Aunque te disuadí de mentirle a tu posible empleador, puede haber cosas que puedes adornar u omitir cierta información en una entrevista. Te daré algunos ejemplos, sin ningún orden en particular:

1) Salario. Esta es la cosa más importante sobre la que la gente miente en sus entrevistas. No lo recomiendo, ya que podría volver a perjudicarte más tarde, sobre todo si el departamento de recursos humanos de tu nueva empresa comprueba tus referencias y surge la cuestión de tu salario. En lugar de inventar un salario más alto que el que recibes en tu puesto actual, podrías ponerle un precio a tu actual paquete de compensación, incluyendo salario, tiempo de vacaciones, beneficios, etcétera, por ejemplo: "Tengo un paquete de compensación y beneficios que valoraría cerca de $150,000".

2) Tus talentos y habilidades. Algunas personas mentirán sobre lo que pueden hacer. Por ejemplo, cuando se les pregunta si están familiarizados con un programa de software en particular, pueden indicar que están familiarizados con él cuando no saben cómo usarlo. Si esto es algo que puedes hacer en un curso intensivo y aprender entre la entrevista y la fecha de inicio, probablemente podrías salirte con la tuya. Pero si no estás familiarizado con el programa y no puedes aprenderlo rápidamente, vas a estar en problemas cuando estés realmente en el trabajo y tu empleador espera que sepas cómo usar el programa. Será mejor que seas honesto y le digas al entrevistador que no estás familiarizado con el programa, pero que eres un aprendiz rápido y dispuesto a aprender esa habilidad rápidamente. Conocí a un diseñador gráfico que mintió sobre los programas gráficos con los que estaba familiarizado. Lo contrataron para el trabajo. Pero a los dos días de haber comenzado el trabajo, su empleador se dio cuenta de que el

nuevo empleado no estaba familiarizado con los programas gráficos con los que decía estar familiarizado, y ese diseñador gráfico fue despedido a menos de una semana de haber comenzado su nuevo trabajo.

3) Cómo te sientes respecto a tu jefe o compañeros de trabajo actuales. Esta es un área en la que puedes hacerte daño a ti mismo. Si tuviste conflictos importantes con tus jefes o compañeros de trabajo actuales o pasados, no te beneficiarás al destrozarlos en tu entrevista. No, ciertamente no tienes que cantar sus alabanzas, sin embargo, tampoco lograrás nada si los destrozas.

4) Tus mayores debilidades. Si un empleador prospectivo pregunta acerca de cuáles son tus mayores debilidades, probablemente está bien que destaques una debilidad que no sea tu mayor debilidad. En vez de admitir una debilidad que no se puede corregir fácilmente, debes seleccionar una debilidad que puedas o que ya hayas mejorado, por ejemplo: "Anteriormente tomé más proyectos de los que podía manejar, sin delegar. Me di cuenta de esa deficiencia y desde entonces he trabajado para utilizar mi equipo mucho mejor. Aunque todavía estoy trabajando en ello, ahora siento que he mejorado hasta el nivel en que ya no es un problema".

5) A quién conoces. Está bien dejar caer nombres durante una entrevista, pero asegúrate de que al menos conoces a la persona que dices conocer, ya que esto es otra cosa que puede volver a perjudicarte si mientes.

Preparación para entrevistas de trabajo

6) Tus intereses. Si te preguntan cuáles son tus intereses principales fuera del trabajo, probablemente esté bien seleccionar intereses menores que te hagan ver mejor ante un posible empleador. Sin embargo, ten cuidado. Conocí a un joven que decía que le gustaba el golf, cuando vio trofeos de golf en la oficina del entrevistador. No jugaba al golf en absoluto y, poco después de ser contratado, el entrevistador no dejaba de preguntarle si quería participar en una ronda de golf. El joven siguió declinando, pero me dijo que el entrevistador, que ahora era su compañero de trabajo, eventualmente se dio cuenta de que el joven no era golfista y, aunque no lo despidieron, se sentía avergonzado por la situación.

7) Despido o renuncia. Si fuiste despedido o destituido de tu puesto anterior, sé honesto al respecto, pero no te detengas en ello. Enfócate en lo positivo y dile a tu empleador que estás listo para nuevos retos y oportunidades.

8) Lugares donde has trabajado. Si has tenido lugares en los que has trabajado por períodos cortos de tiempo o lugares en los que tuviste una mala experiencia, está bien que lo dejes fuera de tu currículum o de la conversación de la entrevista, siempre y cuando puedas explicar cualquier laguna laboral en tu currículum.

Nuevamente, nadie puede decirte si debes mentir, adornar u omitir información durante tu entrevista. Tendrás que determinar esto en base a tu ética y a los principios por los que vives. Sin embargo, si mientes o adornas, te sugiero seriamente que examines las posibles consecuencias de hacerlo.

Capítulo 8—El Futuro Está Esperando

Tu entrevista ha terminado. O bien conseguiste el trabajo o no lo conseguiste, o tendrás que esperar a que el posible empleador tome una decisión. De cualquier manera, hay algunas cosas que debe hacer para dar seguimiento a tu entrevista.

Qué Hacer Después De La Entrevista De Trabajo.

Antes de colgar el teléfono, cerrar una videollamada o dejar la entrevista, es muy importante que le preguntes al entrevistador cuándo debes hacer el seguimiento (suponiendo que no anuncien una decisión antes de que termine la entrevista). Si entrevistaste junto a varias personas, averigua con quién debes hacer el seguimiento y cómo el entrevistador preferiría que lo hicieras. (¿Quieren que llames, que les envíes un correo electrónico?)

Una vez que hayas aclarado tu mente, te sugiero que te sientes y escribas a máquina algunas notas de la entrevista. A medida que pasen los días después de una entrevista, es probable que olvides algunas de las cosas que se discutieron durante la entrevista y probablemente encuentres beneficioso tener algunas notas a las que puedas recurrir, si es necesario.

Después de haccrlo, debes planear enviar una nota de agradecimiento a cada persona con la que te entrevistaste. Si tuviste una entrevista telefónica o una entrevista en video, una nota de agradecimiento enviada por correo electrónico es apropiada. Si has tenido una entrevista en persona, te recomendaría que envíes un correo electrónico de agradecimiento ese mismo día y luego una carta de agradecimiento escrita a mano ese día o al día siguiente. Si envías

Preparación para entrevistas de trabajo

notas de agradecimiento por correo electrónico a varias personas, escribe una nota personal y diferente para cada persona con la que te entrevistaste. Preferiblemente no la misma nota copiada. Una nota enviada por correo electrónico te dará la oportunidad de reiterar tu interés en el trabajo y enfatizar de nuevo por qué eres el adecuado para el trabajo. La nota enviada por correo postal debería ser mucho más corta, probablemente en una tarjeta de agradecimiento de algún tipo. Con ambas formas de nota, recomiendo que siempre agradezcas a los entrevistadores por su tiempo, les digas que disfrutaste aprendiendo más sobre el puesto y la empresa, y que vuelvas a expresar tu interés y entusiasmo por el trabajo que están ofreciendo.

Al enviar notas de agradecimiento, debes tener en cuenta que probablemente no vas a conseguir un trabajo basado en una nota de agradecimiento, pero si no envías una nota, podrías perder el trabajo. Las notas de agradecimiento ofrecen a los solicitantes la oportunidad de mantenerse "en la cima" con los entrevistadores y si tú no envías una nota de agradecimiento o no haces un seguimiento como se acordó, el entrevistador bien podría pensar que no estás interesado en el trabajo.

Si estás trabajando con un reclutador corporativo o un cazatalentos en tu búsqueda de trabajo, pídele a tu reclutador que haga un seguimiento con una llamada telefónica al gerente de contratación. Ellos deberían ser capaces de averiguar cómo te fue en la entrevista. Incluso si estás trabajando con un reclutador, las notas de agradecimiento deben venir de ti y no del reclutador. El entrevistador debe entender que estás interesado en el trabajo, no sólo que el reclutador está interesado en colocarte. Y, si estás usando un reclutador, te sugiero que hagas un seguimiento personal con el entrevistador en lugar de dejar la tarea únicamente al reclutador.

Con suerte, has tomado nota de cuando el entrevistador te pidió que les dieras seguimiento. Un par de notas sobre estos seguimientos.

Seguimiento cuando el entrevistador te dijo que hicieras el seguimiento. No antes ni después. Es posible que tengas que caminar por una línea muy fina entre parecer interesado en el trabajo y parecer desesperado o convertirse en una molestia. Cuando hagas el seguimiento, pídeles una actualización de dónde están en el proceso de contratación y con cada llamada o correo electrónico pregúntales cuándo debes volver a contactarlos para obtener un estado actualizado. Y, si lo consideras apropiado, puedes preguntarles cómo te estás ubicando en comparación con los otros candidatos que han entrevistado. Si puedes obtener una respuesta sobre esto, tendrás una mejor idea de cuáles son tus posibilidades de conseguir el trabajo.

Y mientras esperas escuchar sobre un trabajo, no dejes que eso te impida buscar otros trabajos. Dependiendo de los puestos para los que se estés entrevistando, conseguir un trabajo puede ser a veces un juego de números y no hay nada malo en entrevistarse para varios trabajos al mismo tiempo. Si recibes una oferta en un trabajo mientras esperas oír en otro trabajo que preferirías más, entonces tendrás que tomar una decisión, pero será un buen problema para tener.

¡Conseguiste el Trabajo! ¿Ahora Qué?

¡Bingo! ¡Conseguiste el trabajo! Esta gran noticia debería poner en marcha las cosas que necesitarás hacer para pasar de tu antiguo empleo a tu nuevo empleo.

Al recibir una oferta de trabajo, debes confirmar la oferta con una carta de aceptación. En la carta, deberías confirmar la fecha de inicio acordada, el salario y el paquete de compensación completo (si el empleador no ha confirmado ya estas cosas por escrito con su oferta). Haz una copia de tu carta de aceptación para futuras referencias si

Preparación para entrevistas de trabajo

surgen preguntas más adelante.

Luego tendrás que decirle a tu jefe actual que has aceptado un puesto en otra empresa. Puedes hacerlo verbalmente o con una carta formal de renuncia. Cuando presentes una carta de dimisión, también deberás hacerlo a la persona de recursos humanos de tu empresa. Si inicialmente le informas a tu jefe de tu nuevo trabajo por escrito, debes ofrecerte a reunirte con él o ella cuando sea conveniente para establecer un plan de transición. Debes saber que hay algunas compañías que no te permitirán continuar trabajando allí después de que hayas presentado una carta de renuncia. No te lo tomes como algo personal, ya que algunas compañías tienen esa política y no debe ser tomada como algo personal. Un cliente mío presenta un programa de entrevistas en la radio. Cuando consiguió un trabajo en otra estación hace tres años, la gerencia de la estación le dijo que no se le permitiría salir al aire nunca más. Había trabajado allí durante siete años y lo tomó como una afrenta personal, decepcionado de que no se le permitiera despedirse de todas las personas que habían escuchado lealmente su programa de radio a lo largo de los años. Le dije que no se lo tomara como algo personal, ya que era simplemente una política de la empresa. (La estación era propiedad de un conglomerado mediático que había sido objeto de un escarnio previo al permitir que un empleado que se iba continuara al aire después de que ese empleado hubiera presentado su renuncia. El empleado procedió a "destrozar" la estación con muchos comentarios negativos durante su último programa de radio. Por lo tanto, había una razón para la política de la compañía).

En cualquier carta de dimisión o en cualquiera de tus acciones después de tu dimisión, te sugiero seriamente que tomes el camino correcto y que seas amable durante todo el proceso, aunque tengas cosas que no te gusten de trabajar allí. Nunca es bueno romper puentes al dejar un trabajo. Eso puede hacerte sentir mejor, pero también mostrará una falta de respeto por la gente que sigue trabajando allí y nunca se sabe si necesitarás algo de una de esas personas en el futuro. Cualquier carta de renuncia debe señalar que usted estaba feliz por la oportunidad de trabajar allí y que les desea éxito en el futuro (aunque no lo hagas realmente).

En la reunión con tu futuro ex-jefe o supervisor, será bueno que te pongas de acuerdo en un plan de transición. ¿Querrá tu supervisor que entrenes a otra persona para el puesto que dejas? ¿Querrá que le des instrucciones detalladas para tu reemplazo? He tenido muchos clientes que se han apresurado a ofrecer su nueva información de contacto a su antiguo supervisor, diciéndoles que son bienvenidos a llamar en cualquier momento que tengan preguntas sobre el puesto que dejaron. Si no crees que tu empleador anterior se convertirá en una molestia con muchas llamadas telefónicas, probablemente esto esté bien. Sin embargo, si vas a hacer esto, debes estar consciente de que es posible que tu nuevo empleador no vea con buenos ojos esta práctica y tal vez quieras indicar a tu antiguo supervisor que se ponga en contacto contigo después de las horas de trabajo. Una excepción a hacer tal oferta a tu antigua compañía sería si has ido a trabajar para un competidor. Si este es el caso, probablemente ni siquiera sea ético que ayudes a tu compañía anterior y tu nuevo empleador casi seguro que desaprueba la idea de que ayudes a tu antiguo empleador.

A lo largo del proceso de transición en la empresa que vas a dejar, te sugiero que continúes manteniendo un contacto ocasional con tu nueva empresa, sólo para asegurarte de que todo sigue "en Marcha". Y, si tienes alguna pregunta nueva que surja mientras esperas para comenzar tu nuevo trabajo, estos contactos ocasionales serán buenos momentos para hacer esas preguntas a tu futuro empleador.

Y finalmente, mientras te preparas para dejar tu antiguo trabajo por el nuevo, te recordaré una vez más que "salgas por la puerta grande". No desprecies la compañía que dejas, no hagas alarde de tu nuevo trabajo a los compañeros que dejas atrás, y no te quedes en tus últimos días allí. Continúa trabajando duro, sigue mostrando una actitud positiva y agradecida, y tómate el tiempo para agradecer a cualquier persona que te haya ayudado. Aprovecha al máximo el tiempo que te queda allí y crea una transición suave y agradable desde tu antiguo trabajo hasta el emocionante próximo capítulo de tu carrera.

Cómo Transformar Un Rechazo En Algo Positivo.

Así que, acabas de recibir la temida noticia de "hemos decidido ir en una dirección diferente". No vas a conseguir ese trabajo que tanto querías. ¿A qué te dedicas ahora?

Bueno, primero deberías darte cuenta de que la vida no es todo color rosa. Todos somos rechazados en algún momento. Una de las cosas más difíciles de ser un solicitante de empleo es que, en última instancia, si te contratan o no está fuera de tu control. Conozco a personas que juran que hicieron lo mejor que pudieron y que no fue suficiente para conseguir el trabajo. Algunas de esas personas incluso creen que tuvieron la entrevista perfecta; no había nada que pudieran haber hecho mejor. Quizás no tenían tanta experiencia como otros candidatos, quizás no tenían las habilidades que otros candidatos tenían. De cualquier forma, no consiguieron el trabajo.

Siempre animo a las personas que han sido rechazadas en una entrevista de trabajo a que mantengan una actitud positiva, a que continúen enfocándose en el proceso y no en los resultados, y a que miren hacia atrás y analicen la entrevista para ver si hay algo que podrían haber hecho mejor o que podrían estar haciendo mejor.

Preparación para entrevistas de trabajo

Aquí hay algunas sugerencias de cosas que puedes hacer después de haber sido rechazado en una entrevista:

1) Pide que te den su opinión. Después de que te digan que la compañía con la que te entrevistaste ha decidido ir en una dirección diferente, pide su opinión sobre por qué no conseguiste el trabajo. Pregunta esto de una manera positiva, no a la defensiva, y puede que te sorprenda la cantidad de gerentes de contratación que son comunicativos sobre el motivo por el que no conseguiste el trabajo. Y, si estás trabajando a través de un reclutador o cazatalentos para conseguir un trabajo, lo mismo se aplica. Solicítales que hagan un seguimiento con el empleador para ver dónde y por qué te quedaste corto. Puedes usar esta información para evaluar la manera en que te estás entrevistando. Si te rechazan de varios empleos por las mismas o similares razones, probablemente tendrás que ver la forma en que te estás entrevistando o los puestos para los que te estás entrevistando.

2) Analiza, identifica y adáptate. Es importante que continúes analizando por qué no obtienes los puestos de trabajo que estás solicitando. Como se mencionó anteriormente, si puedes obtener retroalimentación de las personas con las que te entrevistaste, eso ciertamente ayudará. Pero, ya sea que obtengas retroalimentación de los entrevistadores o no, debes estar constantemente analizando tu proceso y tu desempeño al tratar de obtener los empleos que deseas. Por supuesto, es posible que no estés haciendo nada malo, sin embargo, te estarás quedando corto si al menos no das un paso atrás y buscas áreas en las que puedas mejorar en tus esfuerzos de entrevista.

3) Concéntrate en las cosas que puedes cambiar. En algunos

casos, no podrás hacer ningún cambio basado en la razón por la que no conseguiste el trabajo. Por ejemplo, tengo un cliente de Illinois que recientemente solicitó un puesto de venta en una empresa nacional. El puesto de ventas era responsable de dos estados, Luisiana y Texas. Cuando mi cliente se enteró de que la empresa con la que se entrevistó había decidido ir en una dirección diferente, le preguntó al gerente de contratación si había alguna razón por la que no lo habían elegido. El gerente de contratación observó que el candidato que fue contratado tenía experiencia previa en ventas en esos estados y por eso decidieron ir con él en lugar de mi cliente. Bueno, esto era algo que ciertamente estaba fuera del control de mi cliente. No podía controlar dónde estaban sus territorios y no tenía conocimiento de ello al entrar en la entrevista. Además, fue una mera coincidencia que la persona que obtuvo el trabajo había trabajado anteriormente en esos estados. Por lo tanto, mi cliente probablemente no hizo nada malo en su proceso de entrevista. Alguien más tuvo la suerte de haber trabajado antes en esos estados.

Te daré otra historia que ilustra cómo un solicitante se centró en las deficiencias que podía cambiar. Un pariente mío es un entrenador de béisbol. Tengo la sensación de que es genial en lo que hace, porque he leído sobre sus logros en Internet. (Todo lo que leemos en Internet es cierto, ¿verdad? Broma.) Bueno, durante años, mi pariente ha sido un entrenador de un colegio comunitario que se ha interesado en convertirse en un entrenador de bateo de las ligas menores y luego, con el tiempo, se abrió camino hasta convertirse en un entrenador de bateo de las ligas mayores. Por más de dos años, él tuvo entrevistas con cuatro diferentes equipos de béisbol de las ligas menores y cada vez él salió con las manos vacías. Frustrado, finalmente decidió volver a las personas con las que se entrevistó y averiguar por qué no lo habían contratado y cuáles eran las diferencias entre él y las personas que contrataron. Las dos primeras organizaciones a las que llamó fueron lo suficientemente comunicativas como para decirle que estaban preocupadas por si podría trabajar bien con los jugadores latinoamericanos, ya que no hablaba español. Para los que no lo saben, hay un gran porcentaje de jugadores latinoamericanos en las ligas menores y mayores de béisbol de Estados Unidos y no todos ellos hablan o entienden el inglés con fluidez. Así que, armado con esta información, mi pariente se encargó de tomar algunas clases aceleradas de español. Por supuesto, para cuando llegó la siguiente temporada, era muy competente para hablar español. Solicitó un trabajo como entrenador de bateo en las ligas menores y fue contratado. Un par de lecciones se pueden aprender de su experiencia. Primero, solicitó comentarios sobre el motivo por el que había sido rechazado anteriormente. Segundo, analizó esa información y determinó que probablemente no estaba ganando esos trabajos porque no hablaba español, a pesar que eso nunca fue anunciado como requisito para el trabajo. Tercero, se dio cuenta de que podía cambiar esa deficiencia y tomó algunos cursos de español.

4)   Promete que aprenderás algo de tu rechazo. No es ningún secreto que podemos aprender mucho de nuestros fracasos. Y si no aprendemos de nuestros fracasos, seguiremos repitiéndolos. Si te han rechazado por un trabajo, hazte cargo de analizar lo que podrías haber hecho mejor y aprende de ello. De lo contrario, todo el tiempo y el esfuerzo que dedicaste a la preparación de esa entrevista seguramente se desperdiciará. Trata de sacar algo valioso de cada rechazo.

5)   Afina tu búsqueda. Con la entrevista para el trabajo que no conseguiste, ¿hubo algo que no te gustó de los trabajos o de las empresas con las que te entrevistaste? Dejando a un lado el rechazo, tal vez descubriste algunas cosas sobre el trabajo o la compañía que no eran tan buenas como pensabas que serían. Si es así, puedes usar esta información para afinar tu búsqueda. Por ejemplo, si alguien se

presenta a un trabajo de gestión de contabilidad y se da cuenta en la entrevista de que el trabajo requiere mucha más gestión de personas que la contabilidad. Y la persona que se postuló para este trabajo realmente no está muy interesada en manejar a las personas. Preferiría estar más involucrado sólo en los aspectos contables de un trabajo de contabilidad. Con ese autoanálisis, puede refinar sus búsquedas futuras a trabajos de contabilidad que no incluyan responsabilidades de gestión.

6) Céntrate en el proceso, no en el resultado. Mis clientes te dirán que insisto en la idea de que, al buscar un trabajo, necesitan enfocarse en el proceso de conseguir un trabajo y prepararse y entrevistarse bien en lugar del resultado. La entrevista es un proceso y no podrás controlar el resultado de quién es elegido para el trabajo. Sin embargo, si puedes continuar afinando los métodos que estás usando para conseguir y prepararte para las entrevistas y continuar analizando y refinando la forma en que estás entrevistando, te darás la mejor oportunidad de manipular el resultado. Por lo tanto, enfócate en el proceso y no en el resultado.

Conclusión

Así que, ahí lo tienes. Ahora que has leído este libro, tienes las herramientas para salir y conseguir las entrevistas que quieres. También tienes algunos consejos y técnicas que te ayudarán a tener más éxito en las entrevistas, a ser mejor persona y a conseguir el trabajo que realmente quieres.

Hemos discutido una variedad de temas que puedes usar para aumentar tus posibilidades de conseguir el trabajo. Puedes obtener más entrevistas usando los consejos que te he dado para construir un mejor currículum. Puedes posicionarte por encima de otros candidatos escribiendo cartas de presentación que capten la atención del lector y le digan al entrevistador por qué eres un candidato formidable al que tienen que entrevistar.

Hemos discutido cómo vestirse para una entrevista, cómo superar el nerviosismo y la ansiedad. Hemos hablado de la importancia de hacer los deberes e investigar la empresa con la que te vas a entrevistar, para que puedas evitar la pregunta "¿Qué hacen aquí?", para empezar la entrevista. También deberías tener un mejor manejo de cómo navegar las preguntas difíciles en una entrevista y ahora sabes qué preguntas hacer durante una entrevista. Sabes cómo manejar las preguntas que te pillan desprevenido. Con el lenguaje corporal correcto y un aire de confianza, serás capaz de sobresalir y causar una primera impresión de calidad. Ahora sabes lo que los posibles empleadores quieren oír y sabes las cosas que ellos no quieren oír. Y sabes cómo hacer un seguimiento después de una entrevista de trabajo. Si tienes la suerte de convertirte en el candidato principal, sabrás cómo negociar para obtener el salario óptimo. También sabrás lo que tiene que pasar después de que aceptes una oferta.

En resumen, ahora tienes las herramientas en tus manos para marcar y marcar entrevistas.

Preparación para entrevistas de trabajo

Como he mencionado antes, el proceso de entrevista de trabajo es una competencia. Competirás contra otros candidatos que tienen el mismo objetivo que tú: conseguir el trabajo. Si vas a tener una oportunidad, tendrás que encontrar la manera de destacarte de estos otros candidatos. Tendrás que ajustar y afinar tu proceso de entrevista. Aunque he conocido a personas que han asegurado que tuvieron una entrevista perfecta, pero no consiguieron el trabajo, siempre he animado a esas personas a que continúen volviendo y analizando su proceso. ¿Realmente hicieron todo bien? ¿No hay algo que podrían haber mejorado?

La entrevista para un trabajo puede ser un proceso frustrante, sobre todo porque incluye algunos elementos que están fuera de tu control. Con los candidatos que han sentido que han hecho todo bien durante el proceso de entrevista, pero que aún no han conseguido el trabajo, les digo lo mismo que te digo a ti: En las entrevistas de trabajo, es importante que te concentres en el proceso de conseguir el trabajo, no en el resultado. Puedes controlar lo que haces en tus esfuerzos por conseguir el trabajo, pero no puedes controlar si consigues el trabajo. Desafortunadamente, eso está fuera de tu control. Así que, de nuevo, con esas cosas en mente, concéntrate en el proceso, no en el resultado. Si puedes hacer eso, te aseguro que tendrás más éxito en las entrevistas y aumentarás tus posibilidades de conseguir el trabajo.

Si no consigues un trabajo, por la razón que sea, no bajes la cabeza. Si puedes aprender de tus rechazos pasados, esos rechazos te ayudarán en última instancia a mejorar tu proceso. Sí, tengo clientes que me dicen que están cansados de aprender de sus errores. Dicho esto, siempre les recuerdo que la búsqueda de un nuevo trabajo es a menudo un juego de números. Es un proceso, no un evento. Cuanto más y más rápido puedas afinar tu proceso, más rápido podrás conseguir ese nuevo trabajo.

Ahora has pasado un poco de tu tiempo valioso leyendo este libro.

Espero que ahora te tomes el tiempo para implementar inmediatamente algunos de los consejos y técnicas que te he dado. Con muchos libros de autoayuda o de "cómo hacer" como éste, los lectores cometen el error de no resolverse a hacer cambios inmediatamente. Algún día se decidirán a hacer cambios, siempre que lo hagan. Desafortunadamente, la mayoría de esas personas nunca lo hacen. Por eso te animo a que hagas cambios y cambies tu proceso inmediatamente. Si estás dispuesto a hacerlo, seguramente aumentarás tus posibilidades de conseguir el trabajo que quieres. Aunque no puedo garantizar que obtendrás todos los empleos que solicites, puedo decir que si usas las herramientas que te he proporcionado, podrás dar lo mejor de ti mismo al tratar de conseguir entrevistas y tendrás muchas más posibilidades de tener éxito en las entrevistas que tengas.

Así que, ¡vamos a por ello!

Te deseo más entrevistas y más éxito en las mismas. ¡Feliz cacería!

Habilidades sociales: conversación 2.0

Habla con cualquiera y desarrolla un carisma magnético. Descubre métodos disrputivos para mejorar tus habilidades de comunicación

Tabla de Contenidos

Introducción **115**

Capítulo 1 - Establecimiento de la probabilidad **118**

    El sesgo de confirmación 118

    Las Cualidades y Comportamientos que lo Hacen Instantáneamente Agradable 119

    ¿Qué determina el comportamiento probable? 123

    Los Siete Malos Hábitos que lo Están Haciendo Desagradable 124

Capítulo 2 - Los fundamentos de una buena conversación **128**

    Cómo causar una gran primera impresión 128

    Gane en una pequeña charla con el modelo ARE 132

    Tres maneras esenciales de llevarse bien con cualquiera que conozca 133

    Seis consejos para resistir la timidez y la falta de confianza 136

Capítulo 3 - Encendiendo Interacciones Excepcionales **140**

    Temas de conversación y consejos para cada escenario posible 140

    Los peores errores que puede cometer en una conversación 144

    Ideas para evitar conversaciones aburridas 149

    Tres reglas generales para iniciar una conversación interesante 151

Capítulo 4 - Cultivando el Carisma y el Magnetismo **153**

    Los Trece Secretos para Desarrollar una Personalidad Magnética 153

    Todo lo que necesitas saber sobre la trifecta del encanto 159

    Tres pasos para convertirse en una persona más interesante 165

Capítulo 5 - Conociendo a su audiencia **168**

Micro expresiones 168

Los seis tipos de comunicadores y cómo ganárselos 171

Consejos de conversación para audiencias especiales 175

Capítulo 6 - Construyendo Conexiones Profundas 178

Trucos de conversación para establecer una relación instantánea con alguien 178

Cómo formar relaciones significativas 181

Los Hábitos de las Personas Emocionalmente Inteligentes 183

Por qué la autocompasión es importante para las relaciones sanas 186

Capítulo 7 - Situaciones difíciles y errores sociales 188

Cómo hablar para salir de situaciones difíciles o incómodas ... 188

Lidiando con personalidades difíciles 192

¿Cuándo está bien mentir? 197

Capítulo 8 - Uso de la conversación para obtener lo que desea 199

Maneras sutiles de demostrar dominio 199

Técnicas de persuasión para todas las situaciones 201

Tres trucos para seducir a alguien a través de la conversación. 204

Seis consejos altamente efectivos para negociaciones exitosas 207

Conclusión 210

Introducción

Sé la verdadera razón por la que abriste este libro: estás desesperado por ver un cambio en tu vida diaria. Estás aburrido de interacciones sociales mediocres, una carrera sin salida y estás decepcionado por tus relaciones tensas o insatisfactorias. Sabes que puede mejorar -has visto a otras personas desarrollar el tipo de relaciones que deseas- y ahora quieres ser dueño de ese tipo de influencia social.

Esto puede sorprenderte, pero no eres el único que se siente así. Ligas de personas de todo el mundo sueñan con estos cambios y, al igual que ustedes, tienen la corazonada de que la solución radica en ampliar sus capacidades sociales. Al igual que tú, quieren ser un maestro de la conversación.

Pero la buena noticia es que ya estás un paso por delante de ellos.

¿Por qué? Es muy sencillo. Has dado el primer paso. Has abierto este libro. Estás a punto de comprometerte con mayores logros y relaciones más poderosas, y eso te hace un poco más inteligente que el resto. Felicitaciones por acercarse un poco más a sus metas.

Tal vez sea torpe y tímido. Tal vez, usted se siente constantemente abrumado en entornos sociales, como si su presencia no importara. Nunca se sabe lo que hay que decir y se siente como si siempre estuviera un latido detrás del resto.

O tal vez, no se siente nada incómodo socialmente, simplemente quiere ejercer más influencia sobre tus compañeros y tener un impacto más fuerte en todos los que conoces. Usted ha visto la forma en que algunas personas obtienen lo que quieren usando sólo sus palabras, y usted quiere experimentar cómo es. Te diré ahora, esta experiencia puede ser suya con algo de práctica y sabiduría experta. No es tan difícil como parece, sólo necesita el entrenamiento adecuado.

Habilidades de conversación

Sea cual sea la etapa en la que te encuentres, tanto si es un tímido alhelí como si es un conversador bastante seguro, este libro le llevará al mismo destino: la cima de su juego de comunicación. Este libro le mostrará todo el espectro, desde las bases de una buena conversación hasta las herramientas avanzadas de persuasión e influencia. Dividiremos el lenguaje, el comportamiento y la personalidad en sus partes digeribles - y usted logrará el dominio sobre todas ellas. Aprenderás a ser amigo, seducir y resolver conflictos sólo con la magia de la comunicación. Y al final de su entrenamiento, usted sabrá cómo navegar casi todas las situaciones conocidas por el hombre. Desde los escenarios difíciles y tensos hasta las conexiones íntimas y profundas.

No se equivoque, estas habilidades sacudirán los cimientos de toda su vida. Después de todo, la calidad de nuestras relaciones está directamente relacionada a nuestra comunicación. Esto puede significar la diferencia entre una lucha constante y una conversación empoderante. O la diferencia entre una interacción aburrida y una conversación fluida que te lleva a una oportunidad que te cambia la vida. ¿Nuestra única advertencia? Esperamos que estén listos para estas nuevas habilidades.

Verás, la comunicación es lo más cercano a la magia que existe. Una vez que domine el tono, el lenguaje, el tiempo y algunos otros factores esenciales, podrá producir cualquier efecto deseado. La mente humana es maleable, y a excepción de la idiosincrasia ocasional, las necesidades humanas son bastante fáciles de anticipar. Comprenderlos es la clave para formar estrategias sociales exitosas. Pronto aprenderás todo esto.

Desarrollé estas habilidades avanzadas de la manera difícil: a través del ensayo y el error, a través de caer presa de las tácticas de los maestros, y conociendo todo tipo de personalidad imaginable, no importa cuán agravante sea. Estudié los métodos de una amplia gama de personas y aprendí de sus errores así como de sus éxitos. Dije e hice lo incorrecto, pero luego aprendí a decir lo correcto. Y perfeccioné lo correcto. Descubrí cuándo lo correcto funciona mejor, cuándo no funciona en absoluto y cuándo lo correcto debe dar paso a algo mejor.

Habilidades de conversación

Observé cada movimiento, cada sutileza. Y luego hice una extensa investigación para ampliar lo que ya sabía. Diseccioné las poderosas áreas de comunicación que la mayoría de la gente pasa por alto; te enseñaré a no volver a pasarlas por alto nunca más y a cómo utilizarlas para tu mayor beneficio.

He visto a frágiles don nadie convertirse en maestros de la persuasión con una presencia que no puede ser ignorada. A menudo me dan las gracias las personas que han utilizado mis consejos, con la afirmación de que han transformado sus relaciones personales y que también les han ayudado a crear relaciones nuevas y más significativas. Pero no es de extrañar que estos beneficios surjan. Perfeccionar el arte de la conversación es sinónimo de perfeccionar la capacidad de vivir en tándem con otros seres humanos. Las personas a las que he ayudado se han convertido en expertos en ambos. Compartiré estos mismos secretos con ustedes, muy pronto.

Con mi ayuda y experiencia, usted pasará de la timidez, la torpeza y todas las razas de ineptitud social. En lugar de ello, usted generará interacciones fascinantes, conexiones profundas y desarrollará todas las habilidades necesarias para ser dueño de cada una de las habitaciones en las que entre. No sólo abrirá puertas a nuevas oportunidades, sino que encantará a esas puertas desde sus bisagras. Mis guías recorrerán toda la gama, desde seducir intereses románticos hasta negociar un mejor trato, niños, personalidades difíciles y más. No necesitará ninguna otra guía de comunicación. Considera esto como tu biblia de conversación.

Usted ha dado ese primer paso vital - ahora no cometa el error común de terminar el viaje aquí. Recuerde este hecho importante: la complacencia es el asesino silencioso de todo el potencial. ¿Qué puertas están permitiendo que se cierren mientras se sientan ociosos?

A medida que revele el próximo capítulo de este libro, también revelará *su* nuevo capítulo. Bienvenido a la única guía de comunicación que necesitará.

Habilidades de conversación

Capítulo 1 - Establecimiento de la probabilidad

Imagínate esto: un hombre entra en la fiesta a la que vas a asistir. Está vestido excepcionalmente bien con una camisa llamativa, pantalones elegantes y casuales, y zapatos de cuero pulido. Hace contacto visual con todos los que están en la habitación por un breve momento, sonriendo ocasionalmente y saludando amistosamente a alguien que reconoce. Su cuerpo está abierto hacia la habitación, e incluso está asintiendo ligeramente con la cabeza al ritmo de la música que suena en el fondo. La mujer con la que hablas, tu nueva conocida, Claire, se fija en él. Ella saluda con la mano y él hace lo mismo. Mira entre los dos, observa la situación, y luego se acerca lentamente, listo para presentarse con una cálida sonrisa.

Antes de decir una palabra, este hombre se ha establecido como una persona agradable. Es muy probable que ya te sientas cómoda dejándolo participar en tu conversación. Incluso puedes sentir el deseo de conocerlo y considerarlo como un amigo potencial. Es cierto que no sabes realmente quién es, y es posible que sea lo contrario de lo que esperas, pero el punto es que quieres averiguarlo. Y como ha mostrado un comportamiento agradable, ya está en ventaja.

El sesgo de confirmación

Cuando tenemos una idea o creencia preexistente, tendemos a notar solamente factores que pueden confirmar nuestras suposiciones. Esta idea constituye el quid de la cuestión del sesgo de confirmación. En otras palabras, usted ve lo que quiere ver para confirmar que su juicio inicial fue correcto. A los humanos les gusta tener razón. Así que absorbemos la información de forma selectiva para demostrar nuestro punto de vista, no para refutarlo.

¿Cómo encaja esto en nuestro escenario con el hombre agradable? Digamos que finalmente hablas con él, y él erróneamente asume que te ha conocido antes y te llama por el nombre equivocado. Esto sería un flub social de su parte, pero si usted ya había establecido que usted piensa que él es agradable, probablemente lo dejaría pasar fácilmente.

De hecho, usted probablemente pensaría, "Oh, es un simple error. Sucede a veces y no puedes evitarlo. Estoy seguro de que conoce a mucha gente". Entonces lo olvidarías y en su lugar elegirías recordar lo amable que fue cuando se disculpó.

Pero considere este otro escenario: digamos que fue un hombre diferente, y entró en la habitación con el ceño fruncido y la mandíbula apretada. Cuando miró alrededor de la habitación, sus ojos se detuvieron un poco demasiado tiempo y de manera inapropiada sobre una mujer guapa, y cuando se fijó en su amigo, levantó las cejas y no sonrió. Si ocurriera lo mismo cuando te llamara por el nombre equivocado, probablemente no serías tan indulgente. Uno pensaría: "Está claro que no respeta a la gente". Usted elegiría recordar el error que cometió, e incluso si se disculpara, lo más probable es que sea más difícil ganarse su confianza.

En ambos escenarios, sólo buscas confirmar lo que ya crees, pero podrías estar completamente equivocado sobre ambas suposiciones. El primer hombre podría llegar a ser un narcisista arrogante y el segundo podría llegar a ser inteligente y amable, pero muy torpe desde el punto de vista social. El problema es que sólo lo sabríamos con seguridad si nos sentamos y llegamos a conocer a estos hombres a un nivel más profundo. Pero la mayoría de las interacciones sociales no nos conceden tanto tiempo y es muy probable que ya hayas decidido que no quieres conocer al hombre desagradable.

Es por eso por lo que debemos enfatizar el comportamiento agradable. La gente está evaluando si les gustas o no, y si quieren conocerte o no, tan pronto como entras en la habitación. Y esto influirá en gran medida en todas las interacciones en curso. Puede que tengas una gran personalidad, pero nadie lo sabrá nunca si tu comportamiento te parece frío, incómodo o poco atractivo. Comience con el pie derecho y envíe señales positivas.

Las Cualidades y Comportamientos que lo Hacen Instantáneamente Agradable

Habilidades de conversación

1. Una apariencia impresionante

Contrariamente a la creencia popular, una apariencia impresionante no sólo consiste en una buena apariencia o ropa cara. Abarca todo lo relacionado con la forma en que nos llevamos y nos presentamos al mundo. Incluye

- La forma en que te vistes

Vestirse bien no siempre significa ser formal. De hecho, una parte necesaria de vestirse bien es asegurarse de que se ha vestido apropiadamente para la ocasión. Si alguien llega a una reunión social de bajo perfil en un traje afilado sin ninguna razón, puede ser percibido como pretencioso. Por el contrario, si se trata de un evento formal y usted asiste con zapatillas de deporte, se le considerará descuidado y no se lo tomará en serio.

Las personas que se visten bien para cada ocasión (esto significa ropa ajustada, ordenada y apropiada) siempre ganarán más respeto que alguien a quien no le importa en absoluto lo que llevan puesto. ¿Por qué? No sólo envía el mensaje de que eres inteligente y competente, sino que también dice a la gente: "Soy extremadamente consciente de la sociedad y tengo los medios para cuidarme a mí mismo".

- La forma en que hablas

¿Murmura o difama con sus palabras? ¿Se ríes nerviosamente entre frases? ¿O enuncian y hablan al ritmo adecuado? La forma en que usted habla es un reflejo de muchos atributos importantes. Determinará en gran medida cómo te percibe la gente y, mejor aún, la forma en que otros elegirán interactuar contigo. Si su voz es demasiado suave y lenta, se sentirá abrumado. Los estudios han demostrado que aquellos que muestran voces bajas dan la impresión de ser débiles e inexpertos. En el extremo opuesto, sin embargo, una voz aguda y fuerte es percibida como poco confiable, arrogante e impaciente. La voz ideal es firme, bien definida y a un ritmo y volumen medio. Incluso si estás diciendo un simple saludo, proyecta la voz que mejor se adapte al mensaje que quieres enviar.

2. Lenguaje corporal abierto e interesado

Sus gestos y posturas también están enviando mensajes. Puede que usted no sea consciente de ello, pero cada persona que se encuentre con usted responderá a la posición de su cuerpo. Para mejorar su simpatía, es imperativo que usted muestre un sentido de apertura.

- Vuélvete hacia la persona con la que estás hablando.

Su cara puede estar inclinada hacia su compañero de conversación, pero ¿qué pasa con el resto de su cuerpo? Cuando usted es rechazado, su lenguaje corporal podría ser interpretado como desinteresado o nervioso. Enfrentarlos de frente, sin embargo, hará que parezcas interesado e interesado en la conversación. Esto, a su vez, hará que la gente se sienta más inclinada a comprometerse con usted.

- Gesto con las manos o deje que sus brazos cuelguen sueltos

La gente tiende a pasar por alto lo que hacen sus brazos cuando conversan, pero esta es otra señal reveladora de cómo se siente una persona. Los brazos apretados y bloqueados dan la impresión de ser alguien inseguro o rígido. Para que parezca más agradable, déjelos colgando y, si puede, haga un gesto mientras habla. La gente tiende a responder bien a alguien que es expresivo con sus manos. Esto demostrará que usted se siente cómodo, seguro y entusiasmado con la situación en cuestión.

- Refleja el comportamiento de tu compañero de conversación

Los humanos tienen una profunda necesidad de hacer conexión con alguien más. Una manera efectiva de encender los sentimientos de conexión es imitar el comportamiento de alguien en una conversación. Cuando dicen algo y sonríen, intenten sonreír también. Si ellos toman un sorbo de su bebida, tú también deberías hacerlo. Esto hará que la otra parte sienta que usted está alineado con ellos, como si estuviera en la misma página. Sin embargo, para que el reflejo funcione con éxito, es importante que no lo haga durante toda la conversación, ya que esto parecerá antinatural y es probable que la otra persona lo note. Los psicólogos también aconsejan no hacer un reflejo de inmediato. Si una conversación no ha tenido tiempo de encontrar su ritmo, cualquier mimetismo consciente será visto como tal.

- Postura suelta y erguida

Todos sabemos que estar de pie y derecho transmite una impresión más atractiva, pero eso no es todo. Nuestra postura también debe ser bastante floja, ya que esto le dice a la gente que somos acogedores y cómodos. Las personas que se mantienen erguidas y rígidas tienden a parecer inaccesibles y a veces incluso severas.

3. Parecer contento de estar allí

Cuando una persona parece feliz de estar donde está, se ve cómoda y segura de estar cerca. Cuando nos encontramos con alguien que aparece de esta manera, también nos sentimos instintivamente cómodos, y sentimos que su compañía debe ser agradable. Esto es similar a mostrar un lenguaje corporal abierto, pero no del todo igual. El lenguaje corporal abierto dirá que estamos disponibles, pero un aura feliz y agradable realmente enviará la invitación.

- Sonriendo la cantidad justa

La señal más reconocible de felicidad es la sonrisa, y es una manera fácil de transmitir su placer. Mantenga una sonrisa relajada en su rostro y descubrirá que más personas comienzan a interactuar con usted. Sonríe a los intervalos apropiados cuando alguien está contando una historia y sonríe cuando veas a alguien que conoces. Sólo tenga cuidado de no sonreír demasiado o demasiado si no es completamente genuino. Una sonrisa falsa puede ser alarmante y espeluznante, y puede producir un efecto adverso.

- Asegúrese de que su expresión neutra sea relajada y agradable

Habilidades de conversación

Muchos de nosotros perdemos el control de nuestras expresiones neutrales. Creemos que parecemos perfectamente normales, pero otras personas podrían pensar que somos inaccesibles. ¿Has visto alguna vez a alguien con Resting Bitch Face (RBF)? Exactamente. Manténgase consciente de cuál es su expresión neutra. Incluso si usted está deambulando por la mesa de bocadillos para tomar más comida con los dedos, mantenga su expresión relajada, con las comisuras de los labios ligeramente hacia arriba. Esto no es una sonrisa completa, pero transmite el mensaje de que usted está feliz de estar allí.

¿Qué determina el comportamiento probable?

El comportamiento probable no se compone de un conjunto aleatorio de rasgos y acciones, sino que todos ellos se pueden reducir a las mismas necesidades básicas. Buscamos garantías básicas en cada persona que encontramos y esto determinará cuán positivamente respondemos a ellas, así como cuán probable es que volvamos a buscar su compañía. Si usted tiene en mente las tres necesidades básicas de sus compañeros de conversación, es posible que se encuentre exhibiendo un comportamiento agradable de manera natural.

- Seguridad

Puede que no se den cuenta de esto, pero una serie de cualidades que buscamos, como la proximidad y la confianza, pueden atribuirse a nuestro deseo de seguridad. La naturaleza animal básica en todos nosotros quiere asegurar que no recibiremos amenazas a nuestro bienestar. No se trata sólo de nuestra seguridad física, sino de nuestro sentido del yo tal como lo conocemos. Queremos evitar las amenazas emocionales y mentales, al igual que queremos evitar una amenaza física. Cuando una persona demuestra ser accesible o confiable, esencialmente está diciendo: "Estás a salvo a mi alrededor". Una vez que nuestro cerebro capta esta señal, nos relajamos y nos abrimos a la posibilidad de conexión.

- Importancia

Una vez que establecemos que estamos seguros, nos ablandamos con la idea de conectarnos, pero no estamos allí inmediatamente. También queremos sentirnos significativos e importantes a cierto nivel. No basta con que una persona sea accesible. Si realmente no están escuchando lo que estamos diciendo, o siempre están mirando por encima de nuestro hombro porque están esperando una oportunidad para hablar con alguien más, lo más probable es que no nos impresionen del todo. Incluso si alguien está sonriendo y actuando muy amablemente, siempre podemos sentir cuando nuestra presencia es verdaderamente valorada y deseada. Naturalmente, queremos estar donde se nos aprecia.

- Expansión

Un nuevo conocido nos ha hecho sentir cómodos y significativos en su presencia - pero todavía falta algo. La guinda del pastel es la expansión y una oportunidad de crecimiento. El deseo de evolucionar y ser mejores de lo que somos es una necesidad humana natural. La solución a esta necesidad puede tomar muchas formas, pero todo se reduce a una sensación de emoción y un desafío positivo.

Cuando encontramos a alguien que nos entretiene y estimula intelectualmente, nuestra necesidad de expansión mental y emocional se satisface. Esta necesidad también abarca el humor ya que lo que encontramos verdaderamente divertido, subconscientemente hace cosquillas a nuestro intelecto. Todos hemos encontrado chistes que consideramos "demasiado tontos" o chistes que simplemente "no entendemos".

Esta es la necesidad más difícil de cuidar ya que el gusto personal puede jugar un papel importante aquí. También es importante notar que las personas que pueden cuidar de las necesidades de expansión de los demás son usualmente del mismo nivel de CI. Lo que una persona encuentra interesante puede ser extremadamente aburrido o confuso para otra persona.

Los Siete Malos Hábitos que lo Están Haciendo Desagradable

¿Recuerdas al tipo desagradable de antes? Está mostrando una miríada de desviaciones sociales que están enviando los mensajes equivocados.

Pero ¿quieres saber una idea aterradora? Usted también ha cometido algunos de esos errores antes. De hecho, es posible que incluso los haga hasta el día de hoy. Examinemos algunos errores sociales clásicos y menos conocidos, para que puedas empezar a ser más agradable ahora mismo.

1. Constantemente en el teléfono

Nadie debería sentirse mal por echar un vistazo a su teléfono o escribir un mensaje de texto rápido, pero en esta época moderna, tal moderación es rara. Si tienes el teléfono contigo constantemente, y se te ve hojeando por los medios sociales mientras estás en compañía de otras personas, vas a dejar una mala impresión. Ser absorbido por su dispositivo cuando otras personas esperan que usted permanezca presente es visto como extremadamente grosero. ¿Empezarías a leer un libro en medio de una reunión social? Cualquier persona decente no lo haría, y esto no es muy diferente a las distracciones telefónicas frecuentes. Guarde este comportamiento para cuando esté solo o en una reunión muy informal.

Si está esperando una llamada o intentando resolver algo importante a través de un mensaje de texto, hágalo en otra habitación. O alternativamente, pídele disculpas a la gente con la que estás y explícale cómo estás tratando un asunto importante. Este consejo también se aplica a las conversaciones telefónicas ruidosas en público. Busca otra habitación o baja la voz.

2. Sentarse encorvado en su asiento

A menos que estés en la casa de tu mejor amigo para una reunión casual, encorvarte o caer en tu asiento es una señal de que eres perezoso o sumiso. Para la gente que no conoces, puede incluso transmitir una total falta de interés en lo que dicen. Al encorvarse, usted hace que su cuerpo parezca más pequeño, e instintivamente interpretamos esto como una falta de confianza y poder.

3. Contacto inapropiado o falta de contacto visual

Observar lo que alguien hace con sus ojos es una gran manera de obtener una buena lectura de ellos. ¿Están mostrando juicio al mirar a todos hacia arriba y hacia abajo? ¿Están siendo misóginos al mirar a las mujeres de manera inapropiada? ¿O son torpes y distantes, sin hacer ningún contacto visual? Todo lo anterior son ejemplos de lo que puede desconcertar a un nuevo conocido. Evite cometer esos errores.

4. Mala higiene

Cuando alguien huele mal o parece que no se ha lavado en días, dice: "No puedo cuidarme solo". Como animales inteligentes que están interesados en la autopreservación, estamos programados para ser repelidos por algo que pensamos que está sucio. Subconscientemente lo asociamos con caldos de cultivo para organismos y enfermedades que podrían amenazar nuestro bienestar. Incluso si sabemos que una persona no está enferma, el animal que se conserva en nosotros ha aprendido a tener esta reacción ante situaciones, objetos o personas potencialmente antihigiénicas.

Por supuesto, nadie deja de cuidar a un amigo o ser querido porque tienen mala higiene, pero es la razón por la que tenemos el impulso de taparnos la nariz y sentarnos más lejos de ellos. Estas reacciones no conducen a interacciones sociales positivas.

Este reflejo está conectado a nosotros de la misma manera que no podemos evitar parpadear y producir lágrimas cuando una partícula extraña entra en nuestros ojos. Estas son las formas en que el cuerpo vivo ha aprendido a hacer frente a las amenazas potenciales.

Por esta razón, la mayoría de las personas (excepto las que ya viven en condiciones insalubres) son repelidas por una mala higiene. Aunque es perfectamente normal tener un día sudoroso de vez en cuando, hará que no pueda seducir o conectarse con las personas como lo haría usualmente.

5. No participar en las conversaciones

Ser misterioso es una cosa, pero si siempre estás en silencio en ambientes sociales, esto puede hacer que parezcas poco amistoso o incluso tonto. Cuando la gente reservada está en presencia de sus amigos salientes, es natural dejar que los que hablan hablen, pero deben resistirse a este impulso. Incluso si es sólo una frase o una pregunta aquí y allá, asegúrate de que estás contribuyendo con algo en cada conversación en la que estés involucrado. Es muy sencillo: si no ofreces nada, parece que no tienes nada que ofrecer.

6. No vestirse apropiadamente

¿Recuerdas lo que dijimos de vestirse bien para cada ocasión? No todo el mundo tiene un gran sentido del estilo, y eso está bien, pero al menos, debes asegurarte de vestirte adecuadamente. Esto aplica a hombres y mujeres. Guarda tus faldas y camisetas de tirantes para las fiestas con tus buenos amigos, no las utilices para eventos formales o reuniones con los padres de tu pareja. Tenga en cuenta lo siguiente: Vístase siempre alineado con el mensaje que desea enviar a la habitación.

7. No respetar el espacio personal

El espacio personal es más que simplemente interponerse en el camino de alguien o tocar a alguien que no conoces bien. Abarca conductas como cortar frente a un extraño en la fila, pasar por las pertenencias de alguien sin permiso, o entrar a la habitación, oficina o casa de alguien sin llamar primero. Incluso las acciones que pretenden ser amistosas, como abrazar por la fuerza a alguien que no conoces, pueden ser experimentadas como una violación del espacio personal. Depende de si se le dio el consentimiento verbal o no verbal para entrar en el espacio de alguien o tocar su propiedad (y esto incluye su cuerpo).

Siempre respete la privacidad de los demás y su derecho a rechazar el contacto físico. Cualquiera que presencie tal invasión lo verá como irrespetuoso y socialmente inepto.

Nunca pierdas de vista la forma en que te presentas al mundo, ya sea física o conductualmente. Una conversación es mucho más que nuestras comunicaciones verbales; también se trata de lo que decimos con nuestras acciones y respuestas. Para dominar verdaderamente las habilidades de conversación, debes conquistar el arte de la conducta agradable.

Capítulo 2 - Los fundamentos de una buena conversación

Has aprendido a comportarte en público, pero el viaje está lejos de terminar. Tan pronto como abres la boca para entrar en una conversación, te encuentras en una situación diferente y un nuevo conjunto de habilidades entra en juego. Nuestra imagen es una cosa, pero tan pronto comienza esta fase de la comunicación, la gente finalmente llega a ver cómo esa imagen se compara con lo que decimos y cómo lo decimos. ¿Somos todo lo que nos presentamos a nosotros mismos? ¿Somos tan impresionantes como las palabras de nuestro currículum? ¿Tenemos tanta clase como la forma en que nos vestimos?

Cómo causar una gran primera impresión

Usted puede pensar que las interacciones cortas son más fáciles de lograr, pero eso no podría ser menos cierto. A diferencia de las charlas sentadas o las conversaciones largas, usted tiene menos tiempo para ganarse a la otra parte. Si te comportas mal o dices algo que no debiste, antes de que te des cuenta, así es como te recordarán de ahora en adelante. Tienes un intento y luego se termina hasta la próxima reunión, si es que existe.

Aprender a dominar las primeras impresiones y las charlas son cruciales para muchos eventos que dan forma a la vida. Un posible nuevo empleador no tiene tiempo o el interés de conocerte en profundidad, necesitas encantarle en poco tiempo. Y la misma regla se aplica a ese lindo niño o niña con el que te encuentras a veces. Necesitas dar una buena impresión antes de conseguir esa reunión o cita.

Para convertir ese encuentro de una sola vez en algo más, aquí hay algunos consejos esenciales:

- **Mantequea tu presentación**

No digas simplemente: 'Mi nombre es Peter', di: 'Mi nombre es Peter, es un placer conocerte'. Esto hará que otra persona tenga una buena impresión tuya. Hemos establecido que los humanos disfrutan sintiéndose seguros y significativos; esta es una manera fácil y sencilla de marcar ambas casillas inmediatamente.

- **Aprende a dar un buen apretón de manos**

Muchos empleadores potenciales y contactos profesionales prestan atención a la forma en que usted les da la mano. Tenga en cuenta estos tres factores principales: la fuerza de su agarre, la duración y la posición de su mano.

El apretón de manos perfecto no debe ser demasiado suave, ni demasiado apretado, sino perfectamente firme. Usted debe estrecharles la mano no más de tres segundos, pero lo ideal es que sean dos segundos. Durante el apretón de manos, el brazo también debe estar perfectamente vertical. Nunca muestre la parte inferior de su muñeca o la parte superior de su antebrazo, ya que esto muestra sumisión o dominación respectivamente.

Tenga en cuenta que si usted da la mano a un individuo que pone su mano en la parte inferior, con su muñeca expuesta, esto significa que están haciendo un juego de poder. Si te empujan hacia ellos mientras te estrechan la mano, también están realizando un movimiento de poder. Estos son signos clásicos de ejercer el dominio. No aconsejamos hacer estos juegos de poder con otras personas, a menos que estés preparado para un poco de tensión.

- **Sea considerado**

Hay una buena razón para que este encuentro sea breve. Tal vez esté hablando con alguien mientras están en el trabajo, entre reuniones o en un evento social lleno de gente. Cualquiera que sea el escenario, tenga en cuenta el tiempo y la atención de los demás. Considere las circunstancias y pregunte en qué momento podría convertirse en una intrusión. ¿Estás tratando de hablar con alguien mientras trabaja? ¿O tal vez están en su breve pausa para el almuerzo y tú los sostienes en el pasillo de la oficina? No insista en mantener la atención de una persona por mucho tiempo, cuando usted sabe que no es la única razón por la que está allí.

- **Haga contacto visual**

Durante los encuentros rápidos, muchas personas rehúyen el contacto visual. Ya sea debido a la incomodidad social o porque te han cogido por sorpresa, resiste la tentación de dejar que se vea esta incomodidad. Haga suficiente contacto visual con la persona con la que está hablando, pero también resista el impulso de mirar fijamente. Míralos directamente mientras hablan. Para conversaciones individuales, debe romper el contacto visual cada 7-10 segundos. Para los ajustes de grupo, sin embargo, intente romper el contacto visual entre 4 y 6 segundos.

- **Haga una pregunta para demostrar que está interesado**

Es una charla rápida, seguro, pero está bien hacer una pregunta siempre y cuando sea fácil de responder y no tengan prisa por llegar a ninguna parte. Esto demuestra que estás interesado y curioso sobre ellos, ya que elegiste hacer una pregunta cuando no tenías que hacerlo. Esto es aún más importante para las entrevistas de trabajo, ya que los empleadores esperan preguntas e incluso juzgan a los posibles empleados basándose en las preguntas que formulan. Cualquiera que sea la situación, asegúrese de que las preguntas que haga durante los encuentros breves no sean demasiado personales o que requieran mucho tiempo.

- **No seas *demasiado* honesto cuando respondas a la pregunta "¿Cómo estás?"**

Hay algunas personas con las que *podemos* ser honestos sobre cómo lo estamos haciendo, pero todas ellas son personas que ya conocemos bien, en cuyo caso, hace tiempo que hemos pasado la etapa de preocuparnos por las primeras impresiones. Con el resto, sin embargo, es mejor mantenerlo ligero y positivo. Incluso si usted está pasando por un período difícil en su vida, infravalórelo de tal manera que la otra persona no sienta de repente que tiene que preguntar qué es lo que está mal y consolarlo. Di algo como: "He estado mejor, pero estoy seguro de que las cosas mejorarán pronto". A menudo, cuando la gente te pregunta cómo estás, lo hacen por cortesía y buen decoro social. Guarde sus respuestas largas y honestas para sus buenos amigos y familiares. Y siempre recuerde hacer la misma pregunta a la otra persona.

- **Utilizar factores desencadenantes ambientales**

Si no se te ocurre nada que decir, mira a tu alrededor. ¡Hay material por todas partes! Si te encuentras con alguien en una tienda de comestibles, puedes preguntarle si compra allí con frecuencia. Si el encuentro tiene lugar en la estación de tren, puedes compartir hacia dónde vas y preguntar hacia dónde se dirigen también. Si la persona en cuestión lleva algo especialmente llamativo, ¡hágale un cumplido! Mira a tu alrededor en el momento y te darás cuenta de que hay mucho de lo que hablar.

- **Dar una despedida edificante**

A veces tienes suerte y la persona con la que te has encontrado es alguien a quien quieres volver a ver pronto. Puedes hacer planes y separarte con un feliz, "¡Nos vemos el martes!" La mayoría de las veces, sin embargo, probablemente te encuentras con alguien a quien no te importa volver a ver, o con alguien a quien no estás seguro de volver a ver, como un posible empleador. Para causar la mejor impresión, envíelos con algunas palabras de despedida positivas y edificantes. Dígales "¡Que tengan un buen día!" o deles buenos deseos con respecto a lo que han compartido con usted. Por ejemplo, "Buena suerte con tu maratón" o "Diviértete en la cena".

Gane en una pequeña charla con el modelo ARE

Si quieres una fórmula sencilla y fácil para una buena charla, esta sección es para ti. Carol Fleming, experta en comunicaciones y entrenadora, creó un método de tres puntos para ayudar a las personas a mejorar en la conversación. Este plan funciona tanto para gente tímida como para gente segura de sí misma. ARE significa:

- **Ancla** - Para empezar, encuentre algo que usted sea su compañero de conversación y que ambos tengan en común en el momento actual. Fleming describe esto como tú realidad compartida". Mire a su alrededor y vea lo que nota. Podría ser cualquier cosa, desde la comida que se sirve o alguien con un traje escandaloso que ambos puedan ver. Anclar implica elegir un enfoque y afirmar la observación. Por ejemplo, digamos que estás haciendo una pequeña charla en una fiesta de lujo. Díselo a un nuevo conocido: "Estos aperitivos son deliciosos."

- **Revelar** - Luego viene algo sobre ti. Comparte un comentario ligeramente personal que sea relevante para el tema que acabas de mencionar. No tiene que ser complicado o alucinante. Esto es sólo para establecer la dinámica de compartir con los demás. Podrías decir: "Ojalá pudiera hacer algo así, pero no soy muy hábil en la cocina".

- **Anime** - Finalmente, usted le da a su conocido una oportunidad para responder. Enfóquese en ser amigable y alentador para

Habilidades de conversación

que ellos compartan información sobre sí mismos con usted. Esto debería tomar la forma de una pregunta. Una idea es: "¿Eres un buen cocinero? ¡Pareces alguien con muchos talentos ocultos!"

Siempre que se sienta nervioso o más inestable de lo habitual, recuerde esta fórmula para volver a la rutina de la conversación. No huyas de las charlas triviales. Es el precursor de una larga y atractiva conversación con un posible nuevo amigo o conexión profesional. Es el primer paso que conduce a todos los demás pasos. Tenga en cuenta estas herramientas para empezar a ganar en la charla.

Tres maneras esenciales de llevarse bien con cualquiera que conozca Todos conocemos a alguien con un encanto aparentemente irresistible; alguien que es querido por todos los que conocen, sin importar el tipo de personalidad ni las circunstancias. El truco para llevarse bien con los demás no es la ciencia de los cohetes, pero sí requiere un gran cambio mental y de comportamiento. Puede que ya hayamos mostrado un comportamiento agradable, ganándonos el interés de un nuevo compañero de conversación, pero ahora necesitamos saber cómo mantener ese interés. Ahora que alguien nos ha dado la oportunidad de conocerlos, necesitamos un nuevo conjunto de habilidades para crear armonía conversacional.

1. Muestre interés genuino en los demás

Parece simple, ¿no? Y sin embargo, te sorprendería saber cuántos fracasan en este paso básico. Mostrar un interés genuino requiere algo más que asentir con la cabeza y sonreír. ¿Recuerda la necesidad social básica de significación? La persona con la que estás conversando debe sentir que te importa lo que dicen y quiénes son. Todos queremos sentirnos valorados y apreciados. Estos comportamientos pueden demostrar un interés genuino:

- Haga preguntas. Conozca mejor a la persona con la que está conversando, pero asegúrese de hacerlo de una manera que no sea interrogativa, y manténgase alejado de las preguntas que son demasiado personales a menos que las conozca bien. Si le están hablando de una actividad que les gusta, pregúnteles por qué les gusta, o cuándo empezaron.

- Presta atención. Cuando alguien está hablando, manténgase presente y escuche lo que está diciendo. La mayoría de la gente puede sentir cuando la persona con la que está hablando se ha quedado fuera de la conversación, y esto es un gran problema social. ¿Por qué querrías hablar con alguien que no está escuchando? No lo harías. Si alguien está contando una historia, trate de pintar un cuadro mental con los detalles que le están dando. Un buen truco es imaginar lo que dicen en una película.

- Muestre entusiasmo. Cuando alguien te hable, no asientas con la cabeza y parpadees como un tonto. Sonría, luzca receptivo, y cuando compartan nueva información con usted, muestre entusiasmo. Cuando sea necesario, responda con frases como: "¡Wow, eso es muy interesante! Es genial oír eso". La gente siempre responde bien a la positividad entusiasta.

2. **Sea amable**

La gente que muestra amabilidad es agradable de estar cerca: eso es un hecho. Instintivamente nos sentimos seguros a su alrededor y desarrollamos confianza en ellos. Un acto o una palabra de bondad puede alegrar un día, y es un paso importante para llevarse bien con alguien. Será difícil encontrar a alguien que no se deje seducir por la bondad. Aquí hay algunas ideas para mostrar tu lado bueno:

- Demuestre buenos modales. Así es, todo lo que tus padres te enseñaron a decir por favor y gracias, a mantener la puerta abierta, a respetar el espacio personal y todo lo demás, son habilidades sociales valiosas. Los modales muestran consideración por los demás. La razón por la que se nos enseña esto cuando somos jóvenes es porque es la forma más básica de la bondad humana. Demuestra buenos modales y empezarás con buen pie.

- Empatizar. Esto no significa que tengas que escuchar los problemas de alguien y tomarle la mano; siempre podemos sentir empatía, incluso en asuntos pequeños. Tal vez, estás en una cena formal y la comida de alguien se olvida. Diga algo como: "Siento mucho que tenga que esperar. Siempre es molesto cuando la comida no llega a tiempo". Es simple, pero lleno de empatía. La otra persona sentirá inmediatamente que usted se preocupa por ella y será muy receptiva a cualquier otra cosa que usted diga.

3. Abrir

¿Recuerdas nuestra necesidad de expansión? No basta con ser amable y receptivo, también debemos demostrar a nuestros interlocutores que tenemos algo que ofrecerles. Hacemos esto abriéndonos, hablando de nosotros mismos, y respondiendo a lo que ellos dicen de una manera reflexiva, informativa o entretenida.

- Comparta sus experiencias. La mejor parte de esto es que puede ser cualquier cosa que le guste compartir. Los únicos requisitos son que sea apropiado y que no domine toda la conversación durante un largo período de tiempo. Puedes compartir cualquier cosa, desde un encuentro divertido que tuviste ese día hasta una experiencia fascinante que tuviste en el extranjero. Manténgalo interesante y omita los detalles innecesarios. Cuando compartimos historias con otros, les permite conocernos y les invita a ver lo que es interesante de nosotros.

- Comparta un pensamiento, sentimiento u observación interesante. Si no tienes ninguna experiencia relevante para compartir, o simplemente no puedes pensar en nada, entonces trata de responder a tu entorno actual o a la conversación que tengas a mano. Idealmente, sería algo que refleje su gusto personal o una opinión que usted tiene. Quieren conocerte, ¿recuerdas?

Seis consejos para resistir la timidez y la falta de confianza

Algunos de ustedes no pueden evitarlo, son tímidos y así es como son. Eres más cauteloso con la gente, y nunca has entendido cómo las cajas de charla pueden interactuar tan libremente con otras personas que no conocen. Incluso si tienes el deseo de socializar, terminas por no contribuir mucho a la conversación. A veces esto se debe a que tienes ansiedad social y falta de confianza, y otras veces, es sólo porque eres más reservado que la persona promedio.

No hay nada malo en ser tímido o reservado, pero definitivamente encontrarás situaciones en tu vida en las que tendrás que hablar más de lo que te sientes cómodo. Tal vez esté hablando con un posible empleador, o tal vez esté conociendo a los padres de una persona importante por primera vez. Para protegerse de momentos incómodos y silencios, tenga en cuenta estos consejos:

1. Prepárese de antemano

Si estás nervioso por una próxima interacción social, no hay nada malo en prepararse para ella con anticipación. Piense en historias interesantes para contar, y tal vez incluso practique la manera en que desea contarlas. Si te sientes seguro, prepara algunos chistes. Asegúrese de conocerlos bien, pero trate de no exagerar, ya que de lo contrario no sonarán naturales.

Si usted ya sabe acerca de los temas de conversación potenciales que la otra persona planteará, también es una buena idea pensar en cómo responderá usted. Por ejemplo, si estás a punto de pasar tiempo con alguien que recientemente ha viajado mucho, piensa en una experiencia de viaje interesante que hayas tenido, y practica contar la historia de una manera divertida. Usa lo que sabes de la gente con la que pasas el tiempo para crear grandes temas de conversación e historias.

Si estás a punto de conocer a los padres de tu pareja por primera vez y sabes que te preguntarán sobre tu carrera o dónde creciste, piensa en historias interesantes y relevantes que puedas compartir con ellos. Para estar más preparado, haga una lista de preguntas para hacer siempre que haya una pausa en la conversación.

Las interacciones planificadas pueden resultar muy bien, y lo mejor es que después te sentirás mucho más seguro.

2. Concéntrate lejos de ti mismo

Si temes ser el centro de atención, este es un consejo para ti. Hay muchas maneras de dirigir la atención hacia otra persona. Una forma segura es hacer muchas preguntas. En lugar de permanecer en silencio, trate de aprender acerca de otra persona. Esto reflexionará positivamente sobre ti, ya que también parecerás curioso e interesado, dos cualidades a las que la gente tiende a sentirse atraída. No tendrás que sentirte vulnerable y, sin embargo, sigues participando en la conversación.

Para mantener la atención fuera de ti durante el mayor tiempo posible, asegúrate de hacer preguntas abiertas, no sólo algo que pueda ser respondido con un "sí" o un "no". Si conoces a alguien de un lugar extranjero, pregúntale cómo es el lugar de donde vienen, y si estás hablando con un conocido del trabajo, pregúntale qué les gusta hacer los fines de semana. Para evitar ser el centro de atención, piense en más preguntas para mantener la conversación en evolución. De lo contrario, la otra persona probablemente preguntará "¿Y tú?

3. Concéntrese en conectar, no en impresionar

Durante los momentos de ansiedad, las personas tienden a olvidar que es más importante conectarse que impresionar. Si te concentras en impresionar, lo más probable es que te encuentres con que te esfuerzas demasiado y haces todos los movimientos equivocados. La gente puede sentir cuando alguien está tratando activamente de impresionar, y esto tiende a producir una reacción negativa. En lo que deberías centrarte es en la conexión genuina. Conozca a la otra persona, simpatice con ella y no tenga miedo de hacerle un cumplido genuino. En lugar de pensar en todas las formas en que puedes presumir, escucha realmente lo que están diciendo y responde de una manera reflexiva. Trate también de descubrir sus intereses comunes.

4. No seas alguien que no eres.

La gente tímida nunca debe olvidar este hecho. En la búsqueda de mejores habilidades de conversación, puede ser fácil sentir que estás tratando de ser otra persona, pero es importante recordar que no es así en absoluto. No se trata de darte a ti mismo cualidades que no tienes, se trata de desarrollar suficiente confianza para compartir las cualidades que posees con otras personas. Las personas tímidas nunca deben sentir la necesidad de fingir que son extrovertidas o gregarias. Se trata de acostumbrarse a incluir tus grandes cualidades y experiencias interesantes en una conversación más amplia.

Hay muchas maneras en que la gente finge ser alguien que no es. A veces esto se manifiesta en historias falsas y mentiras, y a veces incluso en personas falsas y comportamientos forzados. Si te encuentras haciendo esto, tu intento de socializar será contraproducente. Las personas falsas atraen a otras personas falsas, y esto repelerá las conexiones significativas.

5. Reconozca que tiene algo que aportar

Habilidades de conversación

Todos hemos vivido vidas únicas y necesitamos reconocer que hay algo en todos nosotros que nos hace interesantes. Nadie ha vivido exactamente la misma vida que tú. Usted puede compartir la misma ciudad natal, los mismos padres, o incluso un trauma similar a alguien más, pero nadie posee la misma combinación de educación, experiencias y opciones que usted. Esto significa que eres único y que tienes algo que aportar que nadie ha escuchado antes. Necesitas reconocer que tienes ideas valiosas. Puede que te sientas tímido o reservado, pero considera el hecho de que otras personas en la conversación podrían beneficiarse de escuchar tu punto de vista.

6. Comprender que no todo el mundo es tan seguro de sí mismo como parece.

Usted no está solo. Es muy probable que incluso la persona con la que está hablando esté luchando contra sus impulsos de fumar. Aunque ciertamente hay muchas personas extrovertidas y socialmente cómodas por ahí, la mayoría de las personas se identifican como introvertidas. Incluso los individuos más exitosos como Mark Zuckerberg y Steven Spielberg son conocidos por tener tendencias tímidas y ansiosas. Sin embargo, nunca lo adivinarías con el número de apariciones públicas que ambos han hecho y, lo que es más importante, con la confianza que se han encontrado. Sepa que usted también puede parecer tan seguro de sí mismo, incluso si no se siente así en el fondo.

Capítulo 3 - Encendiendo Interacciones Excepcionales

Has superado las primeras impresiones y las has convertido en una conversación completa. ¿Y ahora qué? En este punto, muchas personas se encuentran sin palabras, inseguras de qué decir exactamente a continuación. Ya les has preguntado cómo han estado, qué han hecho durante el verano, y les has dicho lo genial que es su ropa. Ahora, te miran expectantes y no tienes idea de cómo llenar el silencio.

Todos anhelamos discusiones comprometidas y un vínculo genuino, pero cuando uno se encuentra en ese silencio, puede sentirse imposible. ¿Cómo podemos hacer que lo que decimos signifique algo? ¿Qué podemos hacer para separarnos de los saludos de los tambores y de los "cómo estás"? ¿Cómo podemos ser conversadores interesantes?

Temas de conversación y consejos para cada escenario posible

Dependiendo de las circunstancias exactas, ciertos temas pueden ser más o menos apropiados para la ocasión. Sin embargo, hay una gran cantidad de temas que pueden encender una discusión fascinante, sin importar el contexto.

Para que la entrega sea más exitosa, se aconseja trabajar en nuevos temas de la manera más natural posible, en lugar de simplemente responder a una pregunta. Para obtener los mejores resultados, trate de incluir una historia u observación interesante que sea relevante para el tema.

Amigos

Deberíamos sentirnos cómodos con nuestros amigos, pero hay muchos escenarios en los que podríamos no estarlo. Por ejemplo, con nuevos amigos. O quizás, si estás hablando cara a cara con un amigo que normalmente ves con un grupo. Las dinámicas también cambian dependiendo de cuánta gente esté involucrada, y es prudente ajustar los métodos de comunicación al contexto exacto.

Habilidades de conversación

Con los grupos, es una buena idea hacer preguntas que den a todos la oportunidad de contribuir y compartir. Hacer preguntas demasiado personales en un grupo puede hacer que alguien se sienta en el punto de mira, y es probable que todo el grupo no quiera detenerse a escuchar la historia de una persona durante mucho tiempo. Mantenga las preguntas, en estos escenarios, abiertas a todos.

Por otro lado, cuando estás en una charla individual, la conversación puede ser muy atractiva si les haces preguntas que normalmente no harías. Echa un vistazo a estos ejemplos para ver algunas ideas:

Nuevos amigos

- ¿Hace cuánto que se conocen y cómo se conocieron?
- ¿Qué opina todo el mundo sobre el último episodio de [insertar programa de televisión aquí]?
- ¿Qué hicieron el fin de semana pasado?
- ¿Alguien tiene alguna historia graciosa de malas citas?
- ¿Qué es lo que todos están comiendo en Netflix en este momento?
- ¿Qué es lo más loco que has visto en las noticias últimamente?
- ¿Alguien aquí ha conocido alguna vez a una celebridad? Si es así, ¿qué pasó?
- ¿Cuál es el mayor problema en el que te has metido?
- Si la historia de tu vida se convirtiera en una película y este momento se convirtiera en una escena, ¿quién te interpretaría y a quién elegirías para interpretar a los demás?
- ¿Cómo dirías que has cambiado desde el instituto?

Conversaciones uno a uno

- ¿Cómo va el trabajo?
- ¿Estás saliendo con alguien estos días?
- ¿Qué piensas de la nueva novia/novio de [amigo en común al azar]?
- ¿Con qué frecuencia ve a su familia?

- ¿Qué es lo más vergonzoso que te ha pasado?
- ¿Te consideras introvertido o extrovertido?
- ¿Cuántas relaciones has tenido y cuál te ha dado más forma?
- ¿Cuál es la peor experiencia sexual que has tenido?
- ¿Cuáles son algunas de las metas que usted está tratando de alcanzar actualmente?
- ¿Alguna vez te has metido en una pelea física?
- ¿Qué culturas del mundo le fascinan más?

Conocidos del trabajo

Habrá una gama de niveles de intimidad con los conocidos del trabajo. Algunos pueden ser muy cómodos con usted mientras que otros se sienten distantes. Independientemente de lo bien que se lleven, siempre es mejor mantener conversaciones con los colegas de una manera profesional. Esto no significa que todas las charlas deban ser rígidas y formales, simplemente significa que deben permanecer dentro de un estrecho campo de temas. Con la excepción de raras circunstancias, las preguntas que son personales no se considerarán apropiadas.

- Si no tuvieras este trabajo, ¿qué estarías haciendo en su lugar?
- ¿Qué te gusta hacer los fines de semana?
- ¿Cómo se recarga después de una larga jornada laboral?
- ¿Tiene algún truco para pasar un día de trabajo estresante?
- ¿Cuál es el trabajo más raro que has tenido?
- ¿Alguna vez has estado enamorada de un compañero de trabajo?
- Si pudieras almorzar con alguien en el mundo, ¿quién sería?

Familia

A diferencia de nuestros amigos y parejas románticas, nosotros no elegimos a nuestra familia. Y el ADN compartido no siempre significa intereses compartidos. No es raro que el tiempo en familia sea incómodo. Ya sea con tu familia o con la familia de otra persona con la que pasas el tiempo, una cosa es segura: los temas familiares son siempre bienvenidos. Un buen punto de partida para iniciar una conversación es preguntar sobre una historia familiar específica, o preguntarles sobre su vida familiar anterior. Esto puede desencadenar una historia fascinante y el miembro de la familia elegido se sentirá conmovido por su curiosidad.

Su familia

- ¿Tenemos alguna reliquia familiar preciosa?
- ¿Cuál es nuestra ascendencia?
- ¿Cuál era su pasatiempo favorito cuando era niño?
- ¿Tenemos algún secreto de familia interesante que yo no sepa?
- ¿Estamos emparentados con alguien famoso?
- ¿A quién crees que me parezco más en nuestra familia?
- ¿Cuáles son algunos rasgos familiares dominantes?
- ¿Cuál es el momento más incómodo que has visto en una reunión familiar?
- ¿Cuál fue el primer trabajo que tuviste?
- ¿Cuáles son algunas de las mayores maneras en que el mundo ha cambiado desde que eras más joven?
- ¿Cómo era [miembro de la familia al azar] cuando era más joven?
- ¿Cómo se conocieron [los miembros de la familia casados]? (también siéntase libre de hacer esta pregunta directamente a los sujetos)

Romántico

Hay un poco más de espacio cuando se trata de conversaciones con un interés romántico. Esto se debe a que ambas partes a menudo están tratando activamente de conocerse, por lo que las preguntas que normalmente parecerían fuera de lugar no son tan inusuales. Por ejemplo, si usted está hablando con un conocido regular y le pregunta: "¿Cuánto tiempo duró su relación más larga? Pero en una cita con un interés romántico, se espera que nos conozcamos. Después de todo, usted está tratando de probar cuán compatible es.

- ¿Cuáles son sus placeres culposos?
- ¿Estás cerca de tu familia?
- ¿Te pareces más a tu madre o a tu padre?
- ¿Cómo eras cuando eras adolescente?
- ¿Cuánto duró su relación más larga?
- ¿Cómo crees que has cambiado en los últimos 10 años?
- ¿Cuál es tu lenguaje amoroso?
- ¿Prefieres noches divertidas o noches acogedoras?
- Si pudieras establecerte en cualquier país del mundo, ¿cuál elegirías?
- ¿Qué es una película, canción o libro que realmente ha dado forma a la forma en que ves el mundo?
- ¿Cuál es tu hábito más raro o interesante?
- ¿Cuál es tu forma favorita de experimentar la naturaleza?
- ¿Cuál es el trabajo de tus sueños?
- ¿Quiénes son tus mejores amigos y por qué?
- ¿Te consideras introvertido o extrovertido?
- ¿Cuál fue el aspecto más desafiante de su infancia?
- ¿Qué tan cómodo se siente con las demostraciones públicas de afecto?
- ¿Qué consideraría usted como un rompe-contrato en una relación o un socio potencial?

Los peores errores que puede cometer en una conversación

Una vez que empezamos a hablar activamente con alguien, hay muchas razones por las que la interacción podría caer de bruces. No siempre es por la razón que crees y las posibilidades son, aunque creas que eres socialmente adicto, que estás cometiendo al menos uno de estos errores.

1. **Hablar demasiado de ti mismo**

Si te ves como un narcisista, puedes decir adiós a una conexión humana genuina. Aunque a la gente le guste aprender sobre ti, no debes esperar que escuchen largas historias sobre tu vida sin pedir las suyas a cambio. Se necesitan dos para formar una conexión, y si no hay espacio para otra persona en la conversación, ¿cuál es el punto? Si usted se da cuenta de que está cambiando continuamente el tema de usted y su vida, deténgase y pregúntele a su interlocutor algo sobre su vida. Escuche atentamente mientras cuentan su historia, y no responda con algo sobre usted cada vez. En cambio, trate de reconocer lo que han dicho y extienda la comprensión o una observación.

2. Actuar como un sabelotodo

Debido a nuestra necesidad de expansión, nos gusta estar rodeados de gente inteligente. Sin embargo, no nos gusta estar cerca de sabelotodo. Usted se estará preguntando cuál es la diferencia, y la respuesta es simple: los sabelotodo son personas inteligentes que constantemente sienten la necesidad de demostrar que son inteligentes. ¿Vas por largas tangentes, explicando ideas complejas u oscuras a personas a las que no les importa y que no pidieron una explicación? ¿Se esfuerza por demostrar su amplitud de conocimientos porque quiere que se le reconozca? Podrías ser un sabelotodo. Esta puede ser otra forma de narcisismo, pero ocasionalmente puede significar una falta de autoestima. Los sabelotodo son a veces tan inseguros que se aferran al único rasgo del que se sienten seguros, su inteligencia. Si esto le suena conocido resista la tentación de demostrar lo inteligente que es todo el tiempo. Esto sólo alejará a la gente. Después de todo, si estás actuando por encima de ellos, ¿cómo pueden formar una conexión contigo?

3. Ser pedante

La pedantería a veces puede significar un sabelotodo, pero no todo el tiempo. Incluso las personas poco inteligentes pueden ser pedantes. ¿Qué significa ser pedante? Alguien que se preocupa demasiado por los detalles y las reglas sin importancia. Se esforzarán por corregir a la gente sobre hechos triviales, aunque no tengan relación con la conversación.

Habilidades de conversación

Digamos que le estás contando a un nuevo conocido sobre algo divertido que te pasó a ti y a tu amiga, Rhonda, que también está presente.

"Estábamos en un restaurante en la 3ª y Geary Street," comienzas a decir, "Y una mujer me pidió un autógrafo. Resulta que me confundió con una celebridad".

Tú y tu nuevo conocido se ríen, pero Rhonda dice: "En realidad, el restaurante estaba en la 3ra. y Brady, no en Geary". En este escenario, Rhonda está siendo pedante. Este detalle no es importante para la historia, pero ella tuvo que intervenir de todos modos. Después de este comentario, es probable que haya una pausa incómoda en la conversación. No interrumpas el buen humor por un detalle insignificante. Evite el impulso de corregir a las personas si no hay ninguna diferencia en la conversación. ¡Déjalo ir!

4. Sobrecompartir

Todos queremos formar una conexión emocional. Las amistades o relaciones íntimas pueden ser un gran catalizador para esto. Sin embargo, cuando usted comparte información que es demasiado personal con alguien que no es cercano a usted, esto se llama sobrecompartir. Volvamos a la socialmente torpe Rhonda otra vez. Se va a encontrar con un nuevo amigo por primera vez y están almorzando casualmente en la ciudad. Se da cuenta de que es lunes 3, y de repente recuerda que sus padres se divorciaron el lunes 3 hace muchos años. Comienza a contarle a su nueva amiga todo sobre el trauma que sufrió cuando sus padres se divorciaron.

El nuevo amigo acaba de recibir una sobrecompartición. Rhonda no conoce tan bien a su nueva amiga y ya ha empezado a compartir algo muy personal. Esto pone a la otra parte en un lugar incómodo porque todavía están llegando a conocerte, pero ahora sienten que necesitan consolarte. Guarde sus historias personales para cuando conozca a una persona razonablemente bien.

5. Ser pretencioso

La pretensión es muy común, y todos somos culpables de ello a veces. Podemos ser pretenciosos por muchas razones. Tal vez, queremos parecer más cultos, más populares, o simplemente más interesantes en general. Un sabelotodo también puede ser clasificado como pretencioso si su intención es impresionar a alguien. Una persona pretenciosa tiende a disfrutar presumiendo y exagerando algún aspecto de sí misma. Es posible que quieran impresionar a la gente demostrando que han leído libros oscuros que la mayoría de la gente no entiende, o que constantemente están quitando nombres a personas famosas que han conocido para que parezcan más influyentes. Sea lo que sea que intenten demostrar, a nadie le gustan las personas pretenciosas. Esto se debe a que la gente pretenciosa está jugando un juego, y otros pueden sentirlo. Ya que la gente responde más positivamente a la honestidad y la sinceridad, la pretensión puede arruinar tus posibilidades de conseguir que le caigas bien a alguien.

6. No prestar atención

Todos hemos conocido a alguien así. A veces son narcisistas que no pueden dejar de hablar de sí mismos, pero otras veces pueden parecer desinteresados y distraídos. Sin importar cómo se manifieste, todos hemos tenido una conversación con alguien que no parece estar escuchando lo que estamos diciendo. Parece como si sólo estuvieran esperando su oportunidad de responder. No escuchar a nuestro compañero de conversación es un gran error social. La otra persona siempre puede darse cuenta y aunque no lo muestre, es probable que les moleste.

7. Predicar y dar conferencias

Tendemos a asociar este tipo de comportamiento con nuestros padres o maestros - si no quieres que tus nuevos amigos piensen que eres una presencia molesta y molesta, entonces mantente alejado de todas las formas de predicar y sermonear. Las personas que juzgan pueden ser propensas a este tipo de comportamiento, pero otras veces puede ser el resultado de un intento de ayuda que salió mal. Ocurre cuando una de las partes siente que conoce el mejor curso de acción sobre un tema en particular, y en lugar de hablar con sus pares sobre el mismo, terminan hablando *con* ellos. Alguien que se involucra en este comportamiento constantemente tratará de decirle a la gente lo que 'debería' hacer, y deambular de la misma manera que lo hacen los padres.

Si no está de acuerdo con algo que hizo un conocido o amigo, trate de hacer preguntas para incitar a la reflexión. O quizás comparta una experiencia similar de la que haya tenido u oído hablar, y explique cuáles fueron las consecuencias. Haga esto de una manera gentil y compasiva. Hay muchas maneras de hacer una sugerencia sin predicar.

8. Ser fácil de ofender

Los tiempos modernos han abierto muchas conversaciones importantes sobre la forma en que nos tratamos los unos a los otros. Sin embargo, algunas personas han ido demasiado lejos. Insisten en ofenderse incluso por cosas menores y se esfuerzan por culpar a cualquiera. Si está claro que no había intención de hacer daño, relájese y déjelo ir. Si alguien dice algo ignorante por falta de conocimiento en lugar de grosería, ilumínelo suavemente y luego siga adelante. Las personas que se ofenden o se molestan fácilmente hacen que los demás se sientan como si estuvieran caminando sobre cáscaras de huevo. ¿Y adivina qué? Nadie quiere hablar con una persona que le hace sentir así.

9. Hablar mal de los demás

Es un truco barato para tratar de relacionarse con alguien. No sabes de qué más hablar, así que tratas de conectarte con alguien por la aversión mutua hacia los demás. A veces hasta puede ser una forma al revés de felicitar a la persona con la que estás hablando. Por ejemplo, "¡Tienes una casa tan bonita! ¿Has estado en la casa de Jessica? Su decoración es *de* mal gusto. Y la casa de Kate es un desastre total. Definitivamente tienes la casa más bonita de todas." Desafortunadamente, esto funciona en algunas personas, pero este comportamiento se asocia comúnmente con los adolescentes y la política de la escuela secundaria. Los amigos que asumen esta dinámica animan las peores partes de la personalidad de cada uno.

Si estás buscando crear una conexión saludable que realmente enriquezca tu vida, no te aconsejamos que hables mal de otras personas. Los individuos maduros, seguros y emocionalmente estables serán rechazados inmediatamente por tal comportamiento. Si estás dispuesto a hablar así de otras personas que conoces, poco te impide hablar así de ellas.

Ideas para evitar conversaciones aburridas

Empecemos con una dura verdad: algunas conversaciones aburridas no se pueden evitar. ¿Por qué? Porque se necesita más de una persona para hacerlo interesante. Puedes decir todas las cosas correctas y sacar las técnicas más efectivas, pero si la otra persona es obstinada y cerrada, entonces no puedes controlar su comportamiento.

La buena noticia es que estos casos son una rareza. La mayoría de las personas tímidas y serias pueden ser sacadas de su caparazón con la persuasión correcta. La verdad es que todo el mundo tiene un lado humorístico, interesante o inusual - sólo tienes que averiguar cómo acceder a él.

1. Comparta una historia vergonzosa o inusual

Las conversaciones se vuelven aburridas cuando nadie se arriesga. Nadie está compartiendo nada nuevo, sólo están diciendo lo que sienten que deben decir. Sin embargo, cuando alguien comparte un pensamiento, sentimiento u observación genuinos, notará que su mente se despierta. Estamos conectados para encontrar la verdad y la honestidad interesante, porque es algo con lo que todos podemos conectarnos. Envía una señal de que podemos ser nosotros mismos. Si

Habilidades de conversación

quieres abrir a un nuevo conocido y hacer que exponga un lado de su personalidad que no muestra a nadie, debes crear un ambiente seguro para él. Una buena manera de poner las cosas en marcha es compartir una historia propia. Si te hace parecer un poco vulnerable, ellos estarán mucho más comprometidos y probablemente compartirán algo similar contigo.

2. **Identificar las pasiones y preguntar sobre ellas**

No hay que pensarlo: a todo el mundo le encanta hablar de lo que le apasiona. Escuche lo que la gente dice que disfruta y pídales más detalles una vez que sepa lo que es. Este puede ser el trabajo de alguien, pero no siempre, ya que mucha gente no disfruta realmente de su trabajo. Para averiguar cuáles podrían ser estas pasiones, preste atención a lo que la gente dice que hacía los fines de semana o no sea tímido, ¡sólo pregúnteles cuáles son sus pasatiempos favoritos!

3. **Haga una pregunta abierta**

Usted está completamente dentro del poder de redirigir el curso de una conversación si así lo desea. Una buena manera de hacer esto es haciendo preguntas. Sin embargo, manténgase alejado de las preguntas de "sí" o "no", ya que esto le dará a la gente la oportunidad de dar una respuesta corta. Una pregunta abierta les obligará a elaborar y llevar su respuesta a un lugar más interesante. Como tendrán que pensar más en su respuesta, estarán más involucrados en la conversación. En lugar de la pregunta "¿Disfrutas de tu nuevo trabajo?", intenta preguntar "¿Cómo es tu nuevo trabajo y qué disfrutas de él?" Si todo lo demás falla, pida su opinión honesta sobre algo.

4. **Responder de manera genuina y elaborada**

Ya hemos establecido que la gente responde a la honestidad. Es por eso por lo que siempre debes responder a la gente de manera genuina y sin pretensiones. Tenga en cuenta que esto es diferente a ser brutalmente honesto, donde podemos compartir una verdad inapropiada o dañina. Ser genuino simplemente significa que no estamos tratando de ser alguien que no somos. Cuando hablamos en forma elaborada, le damos a la otra persona más a quien responder.

5. Abraza tu lado tonto

En otras palabras, contar un chiste de vez en cuando. Ponga un poco de humor en su forma de hablar. Sólo manténgalo apropiado y maduro, evitando todo el humor que degrada a otra persona. La tontería no sólo significa caras tontas o bromas (¡evita esto a menos que estés con buenos amigos!), sino que significa infundir un sentido de lo ridículo en tu conversación.

6. Alégrate

Todos queremos evitar conversaciones aburridas, pero escucha, no te estreses. Lo más probable es que tus compañeros de conversación sepan cuándo te estás esforzando al máximo. Puede incluso manifestarse en una seriedad excesiva o en una intensidad excesiva que puede desanimar a la gente. Parte del truco es tomárselo con calma y divertirse. Alégrate. Mantenga todos estos consejos en mente, pero sea natural y exuda positividad, no importa cómo se desarrolle la conversación.

Tres reglas generales para iniciar una conversación interesante

1. Plantee algo que *le* parezca interesante

Una forma en que tendemos a sabotear una conversación es sacando a relucir sólo los temas que se supone que debemos sacar a relucir. Nos ceñimos a temas seguros porque creemos que eso es lo que se espera de nosotros. Desafortunadamente, esta es una fórmula bastante común para una conversación aburrida - y ¿por qué esperarías algo más que eso? Después de todo, ni siquiera a ti te importan estos temas, ¿verdad? Para que una conversación sea realmente interesante, plantea un tema que te fascine. Hay una buena posibilidad de que si lo encuentras atractivo, la otra persona también lo hará.

2. Profundizar los temas de conversación con el tiempo

Es completamente normal empezar con un tema desenfadado. Todos tenemos que entrar con calma. Sin embargo, siempre podemos hacer que nuestras conversaciones sean más interesantes si las llevamos a un nivel más profundo. Y no tengas miedo de la palabra "profundo". Esto no significa que necesites hablar de existencialismo o de una angustia traumática. Sólo significa que necesitas llegar al núcleo del tema y hacer que sea completamente identificable.

Por ejemplo, digamos que dos personas empiezan hablando de sus gatos y de todos los hábitos divertidos y adorables que tienen sus pequeños amigos felinos. Si se limitan a este aspecto de sus gatos, finalmente se quedarán sin cosas que decir. Para mantener las cosas interesantes, necesitan llevar el tema a nuevas profundidades. Deberán contar las historias de cómo encontraron a sus gatos, completas con las emociones de todo ello, y deberían discutir cómo es que sus gatos aportan tanto a sus vidas. Podrían considerar preguntas interesantes sobre las relaciones entre mascotas y propietarios, o sobre los beneficios únicos que un gato aporta y un perro no. Profundizar un tema crea un vínculo. Inténtalo en tu próxima conversación.

3. Sea lo más específico posible

Hablar en términos vagos y generales es una manera segura de aburrir y frustrar a su interlocutor. Si alguien te pregunta qué te gusta hacer los fines de semana, no digas: "Me gusta salir con amigos". Dé una respuesta más completa. Cuando ofrecemos generalidades, esto no da a nuestros compañeros de conversación ningún material al que responder. Esto puede resultar en incomodidad o en conversaciones tensas. También envía el mensaje de que no estás muy entusiasmado con la conversación en cuestión.

En lugar de la afirmación anterior, diga algo más detallado como: "Me gusta salir con amigos. Disfrutamos de ir de excursión a clubes nocturnos los fines de semana y cuando eso es demasiado, nos gusta hacer viajes por carretera a la naturaleza". La declaración modificada abre dos nuevas puertas: los clubes nocturnos y la naturaleza. Siempre trate de abrir nuevas puertas con sus respuestas. Facilita las cosas a tus nuevos conocidos!

Capítulo 4 - Cultivando el Carisma y el Magnetismo

Una cosa es tener conversaciones placenteras de vez en cuando, pero ¿qué pasa si quieres más que eso? Algunos de nosotros estamos bendecidos con carisma y magnetismo. Esto significa que usted no tiene que perseguir interacciones y personas interesantes, sino que parece que lo encuentran a usted. Una pequeña parte de la gente es dotada y naturalmente magnética, pero el resto de nosotros no debemos perder la esperanza. Como la mayoría de las cosas en la vida, no es necesario tener talento para ser bueno en algo. Sólo necesitas la autoconciencia, el conocimiento y la práctica.

Todos hemos conocido a alguien con carisma y magnetismo. La gente se siente atraída hacia ellos como polillas a la luz, simplemente porque su presencia es energizante y agradable. Los individuos magnéticos llevan las habilidades de comunicación a un nuevo nivel. Saben qué reglas deben seguirse estrictamente, cuáles deben romperse y cuáles son excepciones en determinadas circunstancias.

A los individuos magnéticos les resulta más fácil que a la mayoría lograr el éxito profesional, a los grandes grupos de amigos y a una amplia variedad de opciones románticas. El desarrollo de estas cualidades no es tarea fácil, pero se puede hacer. Primero, sin embargo, usted necesita saber los secretos.

Los Trece Secretos para Desarrollar una Personalidad Magnética

1. Cultivar la autosuficiencia emocional

Podría decirse que una de las cualidades más poderosas para desarrollar, la autosuficiencia emocional es una de las principales fuerzas impulsoras detrás de los individuos magnéticos. En pocas palabras, significa la capacidad de monitorear sus propias emociones y necesidades, y entender exactamente cómo satisfacerlas sin ayuda externa. No hay dependencia de que otras personas se ocupen de sus necesidades porque ellos mismos saben cómo hacerlo. Ellos han dominado la enseñanza de 'No puedes controlar las acciones de otras personas, sólo tus reacciones' y viven de cerca por ello. Se centran en lo que pueden controlar y nada más. Otras personas se sienten atraídas por esta cualidad porque hace que una persona parezca estable, segura e inteligente. Tendemos a confiar en alguien que tiene control sobre sus emociones, ya que da la impresión de madurez.

2. Su presencia debe dar tanto como sea necesario

Una personalidad verdaderamente magnética no opera desde una filosofía de "yo, yo, yo, yo". De hecho, se aseguran de que otras personas en la conversación obtengan algo que también necesitan. A veces es empatía, aliento, honestidad gentil o incluso reconocimiento. No tienen miedo de felicitar a los demás, y cuando lo hacen, viene de un lugar genuino, en lugar de simplemente querer sumar puntos. Pueden compartir historias interesantes sobre sí mismos, pero más que esto, sienten curiosidad por otras personas, hacen preguntas y comparten comentarios que son útiles y auténticos. Cuando la gente se beneficia de una interacción con usted, ya sea mental o emocionalmente, es mucho más probable que busquen su compañía de nuevo.

3. Aprender a equilibrar la inteligencia, el humor y la amabilidad

Estas tres cualidades son algunas de las más difíciles de aprender, pero cuando se usan en conjunto, pueden ser irresistibles. La inteligencia nos permite acceder a una gran cantidad de datos, el humor los hace divertidos y la amabilidad crea el vínculo. Las personas con un fuerte magnetismo utilizan esta trifecta para su beneficio y con ella encantan a la gente instantáneamente.

4. No tenga miedo de la vulnerabilidad

Habilidades de conversación

Mucha gente comete el error de parecer demasiado dura e impermeable. Contrariamente a la creencia popular, esta no es una buena manera de atraer conexiones interesantes. Aunque puede impresionar temporalmente o incluso intimidar a la gente, no hará que nadie anhele su compañía. Esto se debe a que el machismo o la dureza es un pretexto, y sólo atraerá a la gente que pone el mismo pretexto. Las personas magnéticas no tienen miedo de ser vulnerables. Si es relevante y apropiado, no tienen ningún problema en compartir un comentario sincero o permitir que alguien vea sus verdaderos sentimientos. Lo hacen de una manera que no busca llamar la atención o compartir en exceso. La gente se siente atraída por esto porque estamos comprometidos con la sinceridad.

5. Aprende a leer a la gente como un libro

Se necesita más de una persona para crear una interacción social exitosa. Es por eso por lo que un gran comunicador no sólo se enfoca en su propio comportamiento, sino que también nota cómo se comportan los demás. Son maestros en la lectura e interpretación de señales para determinar el estado de ánimo de cualquier persona a su alrededor. Esta habilidad es importante porque el estado de ánimo de una persona puede cambiar constantemente, y moldeará la manera en que percibe el mundo. Esto significa que una táctica de persuasión que funciona en la Persona A feliz podría no funcionar en la Persona B ansiosa. Usando lo que obtienen de la observación, las personas magnéticas son capaces de ajustar sus tácticas y comportamiento para obtener cualquier respuesta deseada de cualquiera.

6. Deja de dar publicidad a todo

Las personas magnéticas valoran mucho la privacidad, e incluso es posible que descubras que algunas de ellas tienen un aire de misterio. No trate de volverse intencionalmente misterioso, ya que esto puede ser contraproducente. En cambio, aprende a considerar sagrados ciertos recuerdos y experiencias. Aprende a ver el valor de la privacidad y deja de publicar todo sobre tu vida. Comparta asuntos profundamente personales con unos pocos selectos y resista las tendencias de hablar. Alguien que comparte incesantemente sus datos personales se presenta como demasiado emocional y sin control. Estas son cualidades que tienden a repeler a la gente en lugar de atraerla.

7. Aprender a adaptarse

Esta valiosa habilidad sólo se puede aprender a través de la experiencia y el ensayo y error. Sin embargo, una vez ganado, te llevará lejos. Los individuos magnéticos pueden adaptarse a una variedad de escenarios diferentes y pueden llevarse bien con muchos tipos de personas. Hombres, mujeres, jóvenes, viejos e incluso gente de otras culturas. Pueden captar el ritmo y el estilo de comunicación de su compañero de conversación, el tipo de historias que valoran, y pueden ajustar su comportamiento en consecuencia. Al final del día, saben que quienquiera que sea, siempre se puede conectar con los aspectos de la humanidad que todos tenemos en común.

8. Aprovecha al máximo lo que te hace diferente

Aunque hay ciertos códigos sociales que son absolutamente necesarios, los individuos magnéticos no se preocupan por la conformidad total. Siempre y cuando estén bien vestidos y apropiadamente, no ven ninguna razón por la que deban usar exactamente el mismo estilo que los demás. Siempre y cuando sean educados y considerados, ¿por qué deberían seguir con los mismos temas de conversación que todos los demás están discutiendo? Las personas magnéticas no saldrán de su camino para sobresalir de una multitud, sino que abrazarán sus excentricidades y tendencias naturales.

9. Deja de sentirte avergonzado por cada paso en falso.

Hay ciertas situaciones en las que la vergüenza y la vergüenza son merecidas. Por ejemplo, si algo malo que hemos dicho o algo poco ético que hemos hecho es expuesto, entonces debemos sentir vergüenza por esas acciones. Pero si no se ha hecho ningún daño o intención, una persona magnética rechaza los sentimientos de vergüenza. Por qué? Porque, al final del día, sólo nosotros podemos avergonzarnos a nosotros mismos.

Tal vez, apareciste en una fiesta y llevas exactamente el mismo traje que otra persona. Considere estas dos formas opuestas de reaccionar ante este escenario:

- Te hundes en el sillón más cercano y esperas que nadie se fije en ti. Inmediatamente empiezas a decirle a tu amigo: "¡No puedo creerlo! Necesito irme o encontrar un nuevo traje." Mientras usted habla, usted y su amigo continúan mirando a esta persona y se dan cuenta. Tu cara se pone roja y todo en tu lenguaje corporal dice que no quieres que te vean. Los asistentes a la otra fiesta notan que la ropa es similar, y como usted se siente avergonzado, ellos se sienten avergonzados por usted. Afecta sus interacciones por el resto de la noche, ya que las personas se desconectan por su comportamiento incómodo.

- Usted nota a la persona con la misma ropa y no puede evitar ver la diversión en la situación. ¿Cuáles son las probabilidades? Te acercas a la otra persona y le dices en broma: "¿Puedo decir que tienes un fantástico sentido del estilo?" Ambos se ríen, y también la gente a su alrededor. Ya no se trata de una situación incómoda, porque ustedes la han tomado a la ligera. Los asistentes a la fiesta te respetan por ser capaz de reírte de ti mismo. Como todo el mundo ha visto el gran sentido del humor que tienes, la gente quiere conversar y bromear contigo el resto de la noche. Después de un tiempo, nadie piensa en la ropa similar.

La moraleja de la historia es: la única diferencia entre la gente que se ríe *de* ti y la *que* se ríe contigo, es que tú no te ríes tan bien. Si eliges ver el humor en tus momentos vergonzosos, nunca podrás ser humillado.

Vean lo absurdo en cada situación y siempre sigan divirtiéndose. Pregúntese:"¿Qué diferencia hay en el gran plan de mi vida?" La respuesta es probable, "No hay ninguna diferencia".

10. Date cuenta de que hay algo que aprender de todos

No existe la gente aburrida de verdad. Todo el mundo es interesante si llegas a conocerlos, y todos tienen algo que aportar. La gente magnética reconoce esto. En una nueva multitud, se mantienen conscientes de las cualidades únicas y positivas de cada uno y aprenden de ellos, cuando es posible. Presta atención a lo que hace que tus conocidos sean diferentes y úsalo para afinar lo que podrías aprender de ellos. Puede ser cualquier cosa, desde una estrategia de negociación eficaz o una sensibilidad cómica hasta historias únicas sobre una cultura lejana o una industria compleja de la que no sabes nada. Manténgase abierto al aprendizaje y permita que otros le enseñen.

11. No tengas miedo de decir que no sabes

Cuando nos encontramos con un tema que no entendemos, muchos sienten la necesidad de fingir que saben más que ellos. Esto puede ser suficiente para encuentros rápidos cuando no hay mucho tiempo para charlar, pero el resto de las veces, uno nunca debería avergonzarse de decir: "Eso es interesante, nunca lo supe".

Digamos que estás hablando largo y tendido con alguien que empieza a sacar a relucir la economía, es posible que este sea un tema del que no sepas mucho. Tenga la confianza de decir: "Esto suena fascinante. Cuéntame más sobre cómo funciona". Incluso puedes usar esta oportunidad para felicitar y conocer a alguien. Podrías decir: "Ojalá supiera más sobre esto, pero nunca me tomé el tiempo de aprender. ¿Cómo te volviste tan culto?" Tendemos a confiar en las personas que son abiertas sobre sus defectos, ya que les hace parecer humildes, conscientes de sí mismos y cómodos con lo que son. Nos permite bajar la guardia. Además, cuando damos a alguien la oportunidad de sentir que puede enseñarnos algo, se siente significativo e interesante.

12. No le prestes atención a alguien que no te respeta.

Hemos establecido que las personas magnéticas son inteligentes y empáticas, pero una cualidad necesaria es también el respeto por sí mismas. Usted puede ser amable, elogioso, y hacer todo lo posible para llegar a conocer a alguien, pero si empiezan a comportarse groseramente, usted debe dejar esa interacción social como una patata caliente. Si permites que alguien te falte el respeto, entonces otras personas se darán cuenta de que pueden salirse con la suya. Esto envía una señal de que usted no se respeta a sí mismo y que soportará el abuso. Distíngase de cualquiera que le falte el respeto y si no puede, entonces es hora de repasar su regreso con clase.

13. Construir una gran red de conexiones diversas

Puede ser tentador conectar o hacer amistad sólo con personas de su industria laboral, pero esta no es la manera de una persona magnética. Incluya a un rango diverso de personas en su círculo social. Ábrase a individuos de otras culturas, géneros, orientaciones sexuales, religiones, industrias laborales y más. No sólo puede ser gratificante tener un grupo grande de amigos, sino que también te encontrarás con un grupo multifacético y bien conectado.

Todo lo que necesitas saber sobre la trifecta del encanto

La trifecta del encanto consiste en inteligencia, humor y empatía. Cuando se combina de la manera correcta, esta formidable combinación de cualidades puede encantar a casi todo el mundo. En algunos casos, puede incluso anular su apariencia física, haciéndolo parecer atractivo aunque no lo sea convencionalmente. Aunque la mayoría de las personas encarnan al menos uno de estos rasgos, deben trabajar juntas para producir los mejores resultados.

En una conversación, la inteligencia por sí sola hace que uno parezca rígido e inaccesible, mientras que alguien dotado sólo de humor saldrá demasiado infantil y tonto. La empatía es un rasgo valioso, pero sin inteligencia ni humor crea un individuo que es demasiado blando y emocional. La trifecta de encanto utiliza los tres a la vez y en igual medida.

Desafortunadamente, estas cualidades son también algunas de las más difíciles de enseñar. Para desarrollarlos, los individuos deben trabajar duro en la asimilación de nuevos hábitos en su personalidad, y deben participar en una cantidad significativa de estudios. Puede ser necesario realizar algunas pruebas y errores, y el estilo personal variará con cada persona. Sin embargo, es absolutamente posible que alguien que obtiene una puntuación baja en los tres puntos añada la trifecta de encanto a su arsenal social. Sólo necesitan seguir estos consejos:

- **Inteligencia**

La inteligencia puede ser descrita de varias maneras diferentes, pero en su esencia, está compuesta de varias funciones básicas. La resolución de problemas, el razonamiento, la lógica y el pensamiento crítico son algunos de los más notables. Muchos creen que eres inteligente o no lo eres, pero esto ha demostrado estar muy lejos de la verdad. La inteligencia siempre se puede desarrollar, incluso en adultos. Sólo requiere que las personas se desafíen a sí mismas, exploren temas desconocidos y traten de asimilarlos a su comprensión del mundo.

Usted se estará preguntando por qué la inteligencia es importante en una conversación. En pocas palabras, es más fácil para las personas inteligentes conectar los puntos y ampliar cualquier tema que se les presente. Son fuentes de información interesante y la gente tiende a querer a alguien de quien puede aprender, siempre y cuando la persona no sea condescendiente o esté secuestrando la conversación.

Para mejorar tu inteligencia, asegúrate de hacerlo:

Habilidades de conversación

1. **Expande tu mente de una manera que disfrutes**

La gente tiende a rehuir esta sugerencia porque piensan que significa que necesitan leer un montón de libros. Mientras que la lectura puede definitivamente expandir su mente, hay una variedad de otras opciones que se adaptan mejor a sus preferencias. Usted puede aprender sobre nuevos temas viendo documentales, videos educativos en YouTube, programas de televisión, inscribiéndose en una clase, tomando un curso en línea, o quizás preguntando a alguien que sabe más que usted sobre cierto tema. La información puede ser transferida de innumerables maneras. Sólo tienes que descubrir cuál es la mejor manera de hacerlo.

2. **Discutir un tema con alguien que tenga una opinión diferente a la suya**

Aprender a tener una discusión civilizada con alguien con quien no está de acuerdo es una habilidad muy valiosa. Al desafiar nuestras perspectivas, nos obligan a razonar y pensar críticamente, y afrontémoslo, los debates pueden ser emocionantes. Incluso si usted cree firmemente que la otra persona no podría estar más equivocada, es un ejercicio excelente para desarrollar su sentido de la lógica. Y a veces no nos damos cuenta de que hay un defecto en nuestro razonamiento hasta que nos enfrentamos a un retador. Podemos aprender de sus buenos puntos, así como de sus argumentos erróneos. Todo lo que le aconsejamos es que lo mantenga civilizado! Recuerda, ataca los argumentos, y no a la persona que los hace.

3. **Practica explicando las cosas nuevas que has aprendido**

No sirve de nada leer mucha información si no podemos retenerla. Una manera de asegurarte de que conservas todos esos nuevos datos en tu cabeza es tratar de explicárselos a alguien más. Puede ser cualquiera: una pareja, un amigo o, si te sientes seguro, un nuevo conocido.

- **Humor**

Para disfrutar verdaderamente de la compañía de alguien, debe haber algún nivel de humor. Nos obliga a tomárnoslo con calma, a mantenerlo a la ligera y a ver la alegría incluso en las situaciones más absurdas. Sin el humor, el mundo sería un lugar miserable, y por eso es un componente vital de la trifecta. Hacer reír a alguien es una manera fácil de empezar a desarrollar una conexión. De hecho, el humor es tan poderoso que puede hacer que la gente pase por alto una serie de cualidades negativas.

También es importante tener en cuenta que tener buen sentido del humor también requiere que seas capaz de aceptar una broma. Si alguien se burla de ti y no tiene la intención de ser malo, ¡intenta ver el humor que hay en ello! Ríete y no te ofendas fácilmente. Y recuerde, el mejor tipo de humor no es malo o degradante hacia otra persona. Mantenlo inteligente e inofensivo.

1. **Sumérgete en el entretenimiento cómico**

No hay mejor manera de entender el funcionamiento de la buena comedia que encontrar el entretenimiento cómico que disfrutas. Vea un programa de televisión divertido, una película, una actuación de pie o incluso vídeos de YouTube. Expóngase a una variedad de estilos de comedia y elija el que más le guste. Trate de mantenerse alejado de la comedia que gira en torno a bromas y bofetadas de humor. Aunque está totalmente bien disfrutar de ellos, uno no debería esperar aprender nada de ellos.

2. **Practicar el ver lo absurdo en escenarios cotidianos**

Esta habilidad puede ser valiosa no sólo para las habilidades de conversación sino para la vida en general. Le enseñará a reírse ante los desastres, e instantáneamente encenderá más positividad incluso en los días malos. La risa es, después de todo, uno de los mejores remedios para todos los problemas. La vida está llena de absurdos y ridículos, sólo tienes que reconocerlo. La próxima vez que te encuentres molesto por algo, intenta darle la vuelta y verlo como un escenario cómico.

3. **Rodéate de gente graciosa**

Todos conocemos a alguien con un sentido del humor asesino, alguien que es un placer estar con él, y que nos hace reír de inmediato. Una buena manera de ser más divertido o de desarrollar un mejor sentido del humor es pasar tiempo con gente divertida. Escuche y ríase de sus chistes, trate de responder de una manera igualmente alegre, y trate de aprender de la manera en que su humor hace ciertas situaciones. Fíjese de qué bromean, cómo bromean al respecto y qué es exactamente lo que lo hace gracioso. Si hay chistes que caen un poco planos, examine por qué. ¿La mejor parte de esta táctica para construir el humor? Lo disfrutarás inmensamente y pasarás más tiempo con un amigo!

- **Empatía**

En pocas palabras, la empatía es la capacidad de ponerse en el lugar de otra persona. Significa que usted puede captar sus emociones y sentir lo que ellos están sintiendo. Es más que sólo simpatía, los individuos empáticos pueden sentir las experiencias de otras personas como si ellas también las hubieran soportado.

La mayoría de nosotros somos razonablemente capaces de tener empatía cognitiva, que es cuando entendemos la emoción a nivel intelectual, pero en realidad no podemos relacionarnos con lo que alguien está sintiendo. A veces, puede que ni siquiera nos importe, pero sabemos lo que se supone que debemos decir para ser educados. Podemos reconocer que alguien está triste, y sabemos cómo actuar con simpatía, pero no hay una parte de nosotros que sienta la tristeza de esa persona. Podemos pensar racionalmente en las emociones, pero mientras tanto, permanecemos un poco distantes.

La empatía cognitiva puede resultar útil en el lugar de trabajo y en las conversaciones cotidianas rápidas, pero si te interesan las conexiones profundas, no será suficiente. Afortunadamente, el desarrollo de tu empatía emocional también mejorará tu empatía cognitiva, así que ¿por qué no empezar por ahí?

1. Sea consciente de sus propias emociones y participe en el amor propio

Es una verdad incómoda, pero una verdad sin embargo; todo comienza con usted y la manera en que usted trata con sus emociones. Si usted está constantemente reprimiendo sus sentimientos y nunca los trata de una manera honesta y saludable, entonces es probable que sea incapaz de relacionarse con los sentimientos de los demás. Tal vez descubras que una parte de ti se resiste a la empatía emocional porque abre una caja cerrada de sentimientos con los que aún no has lidiado.

2. Aprenda la historia de la vida de alguien con quien no está de acuerdo

Es fácil identificarse con una persona sin hogar o una víctima de abuso, pero esto no prueba que usted sea una persona empática, sólo que no es un sociópata. Para verdaderamente construir empatía, desafíese a sí mismo profundizando en la vida de alguien con quien no está de acuerdo. Trate de separarse del punto de vista o de la opinión opuesta que tienen, y en su lugar trate de verlos como un ser humano único que ha llevado una vida compleja, no diferente a usted o a cualquier persona de la que usted sea amigo. El objetivo no es que te gusten o que cambies de opinión, sino que veas más allá de tu perspectiva y sientas la experiencia de alguien. Es posible empatizar con los problemas o asuntos de alguien, y no estar de acuerdo con las decisiones que tomó.

Es probable que este ejercicio sea más significativo si involucra a alguien que usted conoce, pero si usted no está listo para tal encuentro, es posible usar una figura pública que usted no conoce personalmente. Este paso se puede completar de varias maneras. Puedes ver la biografía de un personaje histórico o famoso, o si es alguien que conoces, puedes intentar conocerlo a través de mensajes digitales o en persona. Construya la conversación gradualmente para que no parezca entrometida. Empiece por preguntarles acerca de sus antecedentes o familia y haga preguntas acerca de sus metas o influencias. Te sorprendería lo mucho que puedes relacionarte con alguien que ni siquiera te gusta!

3. **Tómese el tiempo para imaginar cómo es ser otra persona**

Todos hemos hecho esto durante al menos un segundo, pero rara vez nos tomamos el tiempo para hacerlo en profundidad. Inténtalo. Es un ejercicio que se puede hacer absolutamente en cualquier lugar y en cualquier posición física. Elija a alguien que conozca razonablemente bien. Imagínate lo que fue tener su infancia. Considere lo que era ver a sus padres todos los días. Piense en las necesidades de la infancia que podrían no haber sido satisfechas. ¿Cuáles son las inseguridades de esta persona? Imagínese lo que es despertarse cada mañana con esas inseguridades, y cómo se desenvuelve en las interacciones diarias. ¿Qué tipo de situaciones provocarían esas inseguridades? Imagínense las dificultades que podrían haber llevado a esas inseguridades.

Visualice las experiencias que esta persona pudo haber tenido para llegar a ser lo que es hoy en día. Y más que esto, considere los privilegios que usted tiene que esta persona no tiene. Incluso si son más ricos y exitosos que usted, lo más probable es que todavía haya privilegios que usted tiene que ellos no tienen. Tal vez tengas una familia más feliz, tal vez nunca hayas tenido tanta mala suerte en el amor, o tal vez tengas más amigos que te apoyen. Imagine lo que es no tener más esos privilegios y reconozca lo diferente que sería su vida sin ellos.

Tres pasos para convertirse en una persona más interesante

Hagamos una gran pregunta, ¿sí? Lo admitamos o no, todos queremos ser una persona más interesante. ¿Pero qué significa eso realmente? El carisma es un componente importante, pero eso no es todo. La trifecta de encanto también puede considerarse una influencia dominante sobre lo interesantes que somos, pero aun así, hay un poco más que eso. Al final del día, ser interesante viene con su propia actitud - una actitud de apertura y eclecticismo.

Piensa en todas las experiencias que has tenido con gente interesante y cautivadora. Es cierto que a veces lo que es interesante puede ser subjetivo, pero definitivamente hay algunos rasgos generales. Tiende a haber la sensación de que la otra persona es casi un tesoro de historias e ideas. Tienen sorpresas bajo la manga. Ellos saben y han visto mucho más que tú. No pueden ser atrapados o agarrados, porque siempre están un paso adelante.

Usemos estas experiencias como base de referencia y averigüemos cómo podemos emularlas.

1. Hacer cosas interesantes

¿No te parece obvio? Si te sientas en casa, ves la televisión y te quedas en tu cómoda burbuja, no vas a ser muy interesante para otras personas. Todos usamos nuestras experiencias como referencia; si no has tenido muchas experiencias variadas, no vas a tener mucho que ofrecer a las conversaciones, a menos que sea con otras personas que tampoco hayan visto tanto. Acumular experiencias fantásticas, aventureras y diversas. Sumérgete en lo desconocido y traspasa los límites de tu zona de confort. Haz algo que nunca pensaste qué harías y expande tus horizontes. Recoge experiencias interesantes y te volverás más interesante, a su vez.

2. Piense fuera de la caja

La gente está demasiado concentrada en lo que debería estar haciendo o diciendo que no entiende el sentido de ser interesante. Trate de pensar fuera de la caja o de darle la vuelta a una situación. Esto es diferente a comportarse como un rebelde o violar los códigos sociales; esto sólo significa responder de una manera que es inusual. Por ejemplo, si todo el mundo está contando historias sobre lo bien que se comporta su hijo, haga que las cosas sean interesantes contando una historia sobre la cosa más divertida que su hijo haya hecho, incluso si fue un poco travieso. Si todos tus amigos llevan bikinis modernos, ponte un bikini de cintura alta con estilo de los años 80. Si todos tus amigos están hablando de su mayor éxito en el trabajo, en su lugar habla del mayor fracaso del que has aprendido más. Haga que las situaciones sean más interesantes respondiendo de manera diferente.

3. Ser de mente abierta

A nadie le gusta una persona de mente cerrada; los únicos que lo hacen son otras personas de mente cerrada que son de mente cerrada sobre las mismas cosas. Deja de ofenderte o escandalizarte tan fácilmente y reemplaza esos sentimientos por temor y curiosidad. No sólo te hará más absorbente a la información interesante, sino que también te convertirá en un conversador más interesante. La razón por la que nos gustan las personas de mente abierta es porque transmiten una sensación de libertad. En realidad, no experimentamos a las personas de mente cerrada como más morales, inteligentes o sabias; parecen estar enjauladas por sus propias creencias. Los individuos de mente abierta todavía pueden tener creencias fuertes, pero son tan cómodos y libres que todavía pueden escuchar opiniones alternativas. Admiramos este sentido de apertura y libertad en los demás. Instintivamente sentimos que si una persona encarna esta actitud, debe haber visto mucho y tener mucho que compartir.

El desarrollo de todas las cualidades de este capítulo mejorará tus habilidades de conversación diez veces. En realidad, tener mejores conversaciones comienza con nuestro estado de ánimo, nuestras habilidades sociales y las experiencias que hemos tenido. Trabaja en el desarrollo de todas estas habilidades, y notarás que las conversaciones cobran vida en tu presencia.

Capítulo 5 - Conociendo a su audiencia

Usted puede ser agradable y encantador, pero ningún arsenal de conversación está completo sin la capacidad de leer una habitación. Un conversador que puede leer una habitación es capaz de captar los pensamientos, sentimientos y personalidad general de cada persona que observa o con la que se relaciona. Como mencionamos anteriormente, esta habilidad es fundamental para una buena comunicación, ya que necesitamos entender los factores que influyen en si nuestras tácticas sociales tendrán éxito o no. Las estrategias para ganarse a una persona tímida probablemente molestarán a alguien que es muy extrovertido, y viceversa. Alguien que está de mal humor no será tan receptivo a ciertas señales sociales como alguien que está de buen humor.

Micro expresiones

Creemos que las expresiones faciales nos lo dicen todo, pero no es toda la verdad. Una sonrisa no siempre indica felicidad, y una expresión seria no necesariamente indica nerviosismo o desagrado. Si quieres saber cómo se siente realmente alguien, presta atención a sus micro expresiones.

Las micro expresiones son señales no verbales que duran desde una fracción de segundo hasta unos pocos segundos, pero rara vez más. Pueden ser recurrentes, pero si son permanentes, entonces es probable que la persona en cuestión no esté tratando de ocultar sus sentimientos en absoluto. Las micro expresiones ocurren cuando momentáneamente bajamos la guardia y mostramos nuestra verdadera reacción. A la mayoría de las personas se les ha enseñado a ser educados y a mantener siempre bajo control sus verdaderos sentimientos, y es por eso por lo que las micro expresiones son tan fugaces. Tan pronto como nos sentimos deslizándonos, volvemos inmediatamente a la cara que ponemos por el mundo.

Habilidades de conversación

Las emociones que ocultamos no siempre son negativas. Podemos tratar de ocultar nuestra euforia mientras estamos en una cita con una persona que realmente nos gusta, o podemos tratar de ocultar nuestra emoción si estamos ocultando buenas noticias antes de un anuncio oficial.

Consideremos a Rhonda de nuevo. Mientras asiste a la fiesta de una amiga, conoce a una variedad de personas diferentes con las que interactúa. Como no es la persona más hábil socialmente, se encuentra con una serie de reacciones diferentes.

1. **Estrés e impaciencia**

Cuando Rhonda llega a la fiesta, inmediatamente se encuentra con alguien que conoce. Se detiene a hablar con su viejo amigo y, sin saberlo, se detiene en una puerta, impidiendo que alguien entre. El desconocido se para detrás de ella, aclarando su garganta, pero Rhonda no se da cuenta. Frunce los labios y sus fosas nasales se ensanchan por un momento. Cuando Rhonda finalmente se da cuenta, su mandíbula se aprieta antes de que recupere la compostura y camine hacia su destino.

2. **Frustración o enojo**

Mientras estaba en la fiesta, Rhonda se topó con su ex. La relación terminó mal y sobre todo debido al mal comportamiento de Rhonda. Ella no lo reconoce inmediatamente desde que se cortó el pelo y empezó a usar lentes de contacto. Sentada en una mesa con unos conocidos, ella no se da cuenta de que él también está presente, así que lo ignora. La ex está furiosa, aún amargada por la forma en que lo trató y aún más ahora que no puede reconocerlo. Mientras fuma, presiona los labios y continúa aplastando intermitentemente.

3. **Desprecio o aversión**

Rhonda se da cuenta de que dos mujeres están conversando y se une a la conversación. Desafortunadamente, cambia de tema y comienza a hablar de sí misma incesantemente. Mientras Rhonda habla, una mujer mira su recelo, haciendo sólo contacto visual con el rabillo del ojo. Mantiene la cabeza inclinada lejos de Rhonda, una señal de que no está entusiasmada con la presencia de este recién llegado y puede incluso sentirse superior a ella. Se resiste a la tentación de poner los ojos en blanco y, al hacerlo, sus párpados revolotean con más parpadeos de lo habitual, enviando el mensaje: "¡Qué nervios de esta mujer!".

4. Desacuerdo y desprecio

Más tarde, Rhonda conversa con una maestra y argumenta: "Las escuelas están matando la creatividad de los niños". El maestro no está de acuerdo con esto, aunque todavía trata de ser educado. Por un momento, frunce el ceño y pregunta: "¿Por qué?" Cuando las cejas arrugadas acompañan a los ojos entrecerrados, indica desacuerdo o escepticismo, pero si los ojos están abiertos, esto indica curiosidad. Mientras Rhonda continúa, la maestra comienza a sentir un poco de desdén. Un lado de su boca se acurruca muy brevemente mientras que el otro lado permanece inmóvil. Muchas personas malinterpretan esta expresión como una "media sonrisa", pero esto es incorrecto. Este es un signo clásico de desprecio, especialmente si la boca está apretada.

5. Miedo

Alguien que tuvo una mala experiencia con Rhonda en una fiesta diferente la ve acercarse. Al notar a Rhonda, sus ojos se abren de par en par por un breve momento, transmitiendo una sensación de vigilancia. El miedo se identifica más fácilmente mirando a los ojos. La boca también reacciona ensanchándose horizontalmente. Esto es diferente de una sonrisa donde las esquinas están hacia arriba, cuando se introduce el miedo, las esquinas retroceden horizontalmente hacia las orejas.

6. Emoción o felicidad

Aunque Rhonda tuvo impresiones negativas en muchas personas, la persona que la invitó a la fiesta está feliz de verla. La amiga de Rhonda está en medio de una discusión seria con otra persona, así que ella está tratando de no parecer muy feliz, pero cuando se da cuenta de Rhonda, sus ojos se ven un poco más brillantes. A pesar de que no está sonriendo, las dos comisuras de su boca se elevan muy ligeramente.

Los seis tipos de comunicadores y cómo ganárselos

Los psicólogos sociales han descubierto que hay seis estilos principales de comunicación. Mientras que cada uno de nosotros es más probable que se comunique en uno de estos estilos naturalmente, podemos aprender a usar los talentos y rasgos de todos los otros estilos. En su mayor parte, cada tipo de comunicador responde mejor a aquellos que se comunican de la misma manera, pero no todo el tiempo. Mira a ver si puedes determinar de qué tipo eres. Y lo más importante, averigüe cómo se acercaría a los otros estilos diferentes.

- **Noble**

Directo, enfocado, dice las cosas como son

Estos comunicadores tienden a ser grandes líderes, ya que no tienen reparos en decir lo que hay que decir y participar en las conversaciones difíciles. Son prácticos, directos, y muchas personas responden bien a ellos ya que siempre son honestos. No se preocupan por los sentimientos de los demás, prefieren ser francos y directos. Esto no significa que sean personas insensibles, simplemente no tienen en cuenta las emociones cuando hablan. Aunque por lo general no tienen malas intenciones, las personas sensibles pueden molestarse por lo que dicen, ya que a menudo no está redactado de una manera considerada. No son complicados y por lo general son bastante predecibles.

Para ganarse a un comunicador Noble, debe ser claro, directo y seguro. Evite el lenguaje demasiado florido ya que ellos no ven el punto y lo verán como una pelusa frívola. Enfóquese en el "qué" y el "cómo", ya que los nobles son los que más se preocupan por los detalles prácticos que por cualquier otra cosa. Dales toda la información por adelantado ya que no te perseguirán para obtener más detalles. Aparte de estas reglas generales, encontrarás que puedes decirle casi cualquier cosa a un Noble, ya que sólo se preocupan por la verdad y la realidad.

Habilidades de conversación

- **socrático**

Expresivo, persuasivo, intelectual, detallado

A diferencia de los comunicadores de Noble, los individuos socráticos disfrutan de las largas y prolongadas discusiones con muchos detalles. Estos comunicadores tienden a chocar con los nobles ya que sus métodos de comunicación son casi completamente opuestos. Es raro que un comunicador socrático se meta en una conversación corta; tan pronto como abre la boca, es fácil que se pierda en una tangente o en una larga y florida anécdota. Cuando cuentan historias añaden mucha información de fondo, prefiriendo presentar el cuadro completo. A veces, parecen estar dando lecciones.

Para hacerse amigo de un socrático, escuche sus largas historias con toda su atención, y mejor aún, hágales preguntas. Disfrutan de individuos interesantes y únicos, así que asegúrese de hacerles cosquillas en su intelecto. Plantee temas inusuales pero fascinantes, y únase a ellos mientras profundizan en ellos con sus cientos de preguntas y análisis perspicaces. Prefieren tratar con ideas en lugar de sentimientos, aunque son más receptivos a las emociones que los Nobles.

- **Reflexivo**

Paciente, comprensivo, sensible, quiere vincularse

Si usted es un comunicador reflexivo, es probable que haya muchas personas en su vida que acuden a usted con sus problemas. Para bien o para mal, la gente disfruta buscando el apoyo de los reflexivos, ya que son conocidos por ser comprensivos y tener una gran capacidad de escucha. A los reflexivos les gusta conectarse sobre una base emocional y por lo general no están interesados en compartir opiniones fuertes. No es natural que un comunicador reflexivo sea asertivo o directo, por lo que puede ser deshonesto o incluso engañoso. Preferirían no ver heridos los sentimientos de nadie, así que dicen lo que hay que decir para mantener una conversación armoniosa. Los reflexivos son los comunicadores más propensos a ser interrumpidos o pasados por alto en la conversación, ya que por lo general no se expresan de una manera fuerte o segura.

Para ganarse un Reflective, abrirse un poco y mostrar algo de vulnerabilidad. Encuentre un terreno común con ellos y comparta sus pasiones o intereses mutuos. Para captar realmente la atención de un Reflexivo, hágale preguntas y aliéntelo a abrirse a usted también. Están tan acostumbrados a escuchar a otras personas y a dejar que otra persona sea el centro de atención que pueden sentirse ignorados. Dales un poco de atención y te los ganarás, seguro.

- **Candidato**

Agradable, hablador, analítico, quiere gustar

Cuando combinamos los estilos Socrático y Reflexivo, obtenemos el comunicador del Candidato. Los candidatos son cálidos, habladores y por lo general tienen un aire agradable sobre ellos. Disfrutan conectarse con los demás contando historias, y siempre se esfuerzan por mantener una conversación armoniosa. Cuando surge un problema, creen que hablar es la mejor solución, y lo hacen de una manera emocionalmente comprometida. Son más veraces que alguien que sólo tiene un estilo reflexivo, pero aun así hacen todo lo que pueden para evitar conflictos confusos.

Para ponerse de su lado bueno, active sus buenas habilidades de escucha y sea paciente mientras hablan. Si usted deja de prestar atención o termina una conversación abruptamente, el candidato probablemente se sentirá muy molesto. Como también tienen atributos reflexivos, son mucho más receptivos a otros puntos de vista que un comunicador socrático solo. Gánatelos involucrándote realmente con ellos, compartiendo partes genuinas de ti mismo y escuchando atentamente sus largas, a veces emocionales, historias.

- **Magistrado**

Intenso, argumentativo, persuasivo

Los estilos Noble y Socrático se fusionan para crear la gran presencia del Magistrado. Estos individuos pueden ser increíblemente elocuentes y persuasivos, pero aunque sobresalen como oradores públicos, pueden ser un poco lentos en sus relaciones interpersonales. Les lleva más tiempo comprender las necesidades y sensibilidades individuales, por lo que a veces pueden actuar fuera de lugar y ofender a las personas más cercanas a ellos. Cuando presenciamos a un Magistrado Comunicador hablando, puede parecer que serían un líder fenomenal. A menudo, puede parecer un monólogo o un gran discurso. Desafortunadamente, los Magistrados tienden a dividir a las audiencias y, en el peor de los casos, pueden ser sermoneadores y prepotentes. O los amas o los odias. En sus vidas personales, pueden ser argumentativos, e incluso pueden meterse en problemas en el trabajo.

Para acercarse a un Magistrado, no tenga miedo de discusiones serias y profundas. No huyen de los temas oscuros que, a su juicio, transmiten la verdadera verdad de la vida. También es necesario que usted entienda cómo hablar con calma y racionalmente en discusiones acaloradas sin perder los estribos. De lo contrario, es posible que se encuentre en una discusión en toda regla con un magistrado. También asegúrese de escuchar atentamente al Magistrado, ya que cree firmemente que lo que está diciendo debe ser escuchado. Para halagarlos, hacerlos sentir como el revolucionario que creen que son.

- **Senador**

Estratégico, adaptable, observador, versátil

El más complejo de los seis, el Senador es a menudo considerado el estilo de comunicación más inteligente. En la conversación, la forma en que hablan y las cosas que dicen están cuidadosamente calculadas para producir el resultado que desean. Tienen la habilidad única de combinar las habilidades de los otros cinco estilos para crear un efecto predeterminado. Pueden hablar como un Noble, pero también tienen las habilidades de escucha de un Reflexivo. Son altamente impredecibles, y muchas personas que tratan de conocerlos pueden percibirlos como inconstantes.

Tratar de convencer a un senador para que te acorrale no es tarea fácil. De los seis comunicadores, son definitivamente los más difíciles de atrapar. Esto se debe a que siempre están cambiando, y a menudo su comportamiento está determinado por lo que esperan lograr. Esto no siempre es una búsqueda egoísta, a veces el objetivo puede ser ayudar a otras personas a llevarse bien. El objetivo exacto depende de la personalidad individual. Aconsejamos observar de cerca a los Senadores y prestar atención a las transiciones entre los estilos de comunicación. A menudo uno puede identificar cuál es su objetivo al notar qué método de comunicación están usando en ese momento. Refleja cualquier estilo que parezca estar usando.

Consejos de conversación para audiencias especiales

Como hemos demostrado, las tácticas de conversación no son las mismas para todos. Y aunque ya hemos cubierto una amplia gama de tipos de personalidad, hay algunos otros que aún no hemos tenido en cuenta.

Niños y niñas

No debería ser tan aterrador hablar con humanos diminutos, pero muchas personas no tienen experiencia con niños. Si usted tiene que conocer al hijo de una nueva pareja o establecer un vínculo con un primo menor, no le servirá de mucho estar lleno de ansiedad, aunque no sería completamente infundado. Después de todo, los niños no pueden hablar de los mismos temas que los adultos. ¿Y si accidentalmente dices algo que los asusta?

La realidad es que no es tan difícil como piensas, y los niños son mucho más inteligentes de lo que la gente cree. Los niños tienden a responder positivamente cuando los adultos se bajan a su altura. Cuando no eres un gigante en ciernes, eres más accesible. Cuando hable, asegúrese de usar un lenguaje positivo. En lugar de decir: "Tu madre me ha hablado mucho de ti", intenta endulzarlo diciendo: "¡Tu madre me ha hablado mucho de lo talentosa e inteligente que eres! Recuerde que a los niños les encanta la idea de la aventura, así que si va a contarles alguna historia, asegúrese de que tenga un toque de aventura. Y hágales preguntas sobre lo que disfrutan. Los niños se calentarán contigo cuando puedan hablar de lo que les excite.

Cuando hables con un niño, acepta completamente la tontería y definitivamente te pondrás de su lado bueno. Y recuerde, ¡nunca corrija a un niño cuando esté hablando en forma juguetona! Si dijeron que visitaron la tierra de los unicornios, no digas "Los unicornios no existen". En vez de eso, pregúntales cómo es allí y si hicieron amigos unicornios.

Los Ancianos

No es ningún secreto que a medida que las personas envejecen, se vuelven menos capaces física y mentalmente de comportarse como solían hacerlo. Sin embargo, un error común que la gente comete es hablarles como si fueran niños. Aunque pueden ser un poco más lentos, usted encontrará que la mayoría de las personas de edad avanzada todavía son increíblemente agudas, especialmente cuando les pregunta acerca de las pasiones de su vida. Dispáreles unas cuantas preguntas sobre cómo conocieron a su compañero de vida, la carrera que tuvieron o de dónde vinieron, y descubrirá que de repente recuperan todo su ingenio (siempre y cuando ninguna de estas preguntas desencadene algo traumático) y disfrutan compartiendo las fascinantes historias que tienen. Tengan paciencia con ellos si su memoria se ralentiza, y permítanles encontrar sus pensamientos.

Siempre hable con los ancianos como los adultos que son. Reducir su habla no sólo es grosero, sino que también puede perjudicar sus procesos mentales. Por qué? Por la misma razón que tú sufrirías si alguien redujera su discurso hacia *ti*. Disminuye su autoestima y acelera el declive de sus capacidades cognitivas porque nadie les permite usar su mente adecuadamente.

Habilidades de conversación

Hay tantos estilos de comunicación como seres humanos en el mundo. No hay dos personas que se comuniquen exactamente de la misma manera, pero esta guía le ayudará a navegar por las principales personalidades. Para identificar cómo es su estilo exacto, considere su edad, antecedentes, cultura, intereses y su naturaleza general. Todo es una pista; preste atención.

Capítulo 6 - Construyendo Conexiones Profundas

Al final del día, todos anhelamos algo más allá de las bromas alegres o las discusiones de partido. Queremos unirnos a los demás. Queremos ver nuestra humanidad reflejada en otra persona, y queremos reflejar la suya. Muchos incluso argumentarán que de eso se trata la vida: de aprender a vivir en armonía con los demás para que podamos ayudarnos mutuamente a superarnos. Sea lo que sea que creas, es cierto para todos: todos necesitamos conexiones profundas. Sin ellos, podemos llegar a ser más susceptibles a las enfermedades mentales.

Ya que todos lo necesitamos para prosperar, uno pensaría que sería fácil hacer conexiones duraderas y profundas. Pero para la mayoría de nosotros, son pocos y distantes. A menudo las conexiones más significativas que tenemos son con personas que conocemos desde hace mucho tiempo.

Hay muchas razones por las que podemos encontrar esta hazaña difícil. A veces es porque tenemos miedo de la intimidad. A veces es porque podemos ser críticos, y queremos creer que no hay nada que podamos tener en común con la gente que nos rodea. Y por supuesto, muchas veces, simplemente no tenemos las habilidades sociales necesarias. Queremos una conexión significativa, pero no sabemos cómo ir de A a B.

He aquí algunas buenas noticias: en realidad no es tan difícil como crees.

Trucos de conversación para establecer una relación instantánea con alguien

1. Tratar de reflejar su estilo de hablar

Preste atención al ritmo, la longitud y las opciones de palabras con las que alguien habla. Para establecer una buena relación, trate de reflejar su estilo de hablar. Si hay palabras que usan a menudo, introdúzcalas también en su lado del diálogo. Es importante, al hacer esto, no copiarlos por completo, o sentirán que te estás burlando de ellos. Para evitar esto, una buena regla general es nunca imitar el acento de alguien.

2. Busca sus consejos

En lugar de pedir la opinión de alguien, pídele consejo. Hacer esto fortalecerá su vínculo. Por qué? Para empezar, usted parece ser genuino (¡sólo la gente honesta puede admitir que necesita consejo!) y en segundo lugar, usted les está mostrando que piensa que son una fuente creíble de retroalimentación. Después de esta interacción, es probable que también se sientan involucrados en el tema sobre el que le aconsejaron y es posible que deseen mantenerse al día con lo que sucede. Sólo asegúrese de prestarles mucha atención y de escuchar con atención lo que dicen.

3. Combinar ideas

No tienes que estar en una reunión de trabajo para hacer una lluvia de ideas; puedes hacerlo con cualquiera. Todo lo que implica es jugar con sus ideas y expandirlas. Cuando haces una lluvia de ideas con alguien, ya sea casual o seriamente, les demuestras que has estado prestando mucha atención a ellos y que te tomas sus ideas en serio. Además de esto, usted puede satisfacer su necesidad de expansión, demostrando que tiene algo que ofrecerles intelectualmente.

4. Parafraseando

Cuando parafraseamos lo que alguien dice, repetimos lo que dijo con nuestras propias palabras. La paráfrasis siempre debe combinarse con otra afirmación como "Comprendo". O bien, se puede convertir en una pregunta con la adición de algo al efecto de "¿Es eso cierto?". La parafraseando muestra que usted ha escuchado, entendido y empatizado con lo que ellos han dicho. Por ejemplo, si tu amigo dice: "Soy un insomne, así que, por favor, discúlpame si parezco un poco fuera de sí", podrías decir: "Entiendo". No has dormido lo suficiente, así que te sientes exhausto y desorientado". Al decir esto, no estás añadiendo ninguna información nueva, sólo reformulando ligeramente la afirmación anterior.

5. Haga preguntas que involucren ``cómo' y ``por qué".

Si no está seguro de qué tipo de preguntas hacer, piense en algo que comience con "cómo" o "por qué". Este tipo de preguntas crean vínculos porque le estás pidiendo a tu interlocutor que busque respuestas más elaboradas y significativas. Por ejemplo, si tu amiga está hablando de una reunión de alta presión, acaba de terminar. Podrías preguntar "¿Cómo te sientes ahora?" o "¿Por qué crees que te fue tan bien?"

Establecer una relación es esencial para crear un vínculo con empatía y conexión, pero no lo lograremos de inmediato. Implica mucho más que tácticas de conversación.

Habilidades de conversación

Cómo formar relaciones significativas

1. **Dejar entrar a la gente**

Todos los demás puntos de esta lista no significan nada si no dejas entrar a la gente. No actúes con frialdad y distanciamiento ya que esto forma una barrera entre tú y los demás. En vez de eso, trate de irradiar un aura invitadora y permita que ellos lo conozcan a usted, tanto como usted lo hace con ellos. La gente a menudo comete el error de sentirse como una víctima cuando otras personas no se interesan en conocerlos. No caigas en este complejo de víctima. En vez de eso, pregúntese: ¿estoy demostrando a esta persona que se puede confiar en mí? ¿Estoy permitiendo que la gente se acerque a mí? ¿Les estoy mostrando lo que me hace un buen amigo?

2. **Equilibrar el dar y el recibir**

Si tu amigo te compró el almuerzo en tu última reunión, cómprale una bebida o comida en tu próxima reunión. Devuelve la generosidad con generosidad. Si usted no está en una buena situación financiera, ofrézcase para hacer algo más por ellos. Hay belleza en tener un amigo o familiar que haría cualquier cosa por nosotros, pero nuestra responsabilidad como buena persona es nunca pedirles que hagan *todo* por nosotros. Si te das cuenta de que has estado hablando de tus problemas sin parar durante la última hora, tómate el tiempo para preguntarle a tu conexión cercana cómo son y asegúrate de ofrecerles la misma paciencia. Siempre tenga en cuenta cuándo puede estar pidiendo demasiado. Y si tienes que hacerlo, asegúrate de compensarlos.

También es importante tener en cuenta que también se debe evitar lo contrario. Si su amigo continuamente le pide mucho, sea honesto acerca de cómo se siente y cree algunos límites.

3. **Dedique tiempo a mantener la fianza**

Una vez que formamos un vínculo con un nuevo amigo o pareja, necesitamos hacer el esfuerzo de nutrir esta relación. No importa lo bien que nos llevemos con otra persona - si nunca hacemos tiempo para ellos en nuestras vidas, este vínculo se disipará lentamente. Y cuando se haga una reconexión en un futuro lejano, se sentirá como si estuvieras empezando todo de nuevo.

El acto de hacer tiempo es poderoso y envía un mensaje importante: Me preocupo lo suficiente por ti para siempre encontrar tiempo para ti. Si una de las partes se embarca en una larga experiencia de viaje, o se muda a otra ciudad, haga el esfuerzo de hacer una sesión semanal o quincenal para ponerse al día por teléfono. Evite tener una dinámica en la que sólo hable cuando una persona necesita un hombro sobre el que llorar. Incluso las parejas que viven juntas deben encontrar tiempo en sus apretadas agendas para mantener el vínculo. Crear tiempo de calidad es una parte necesaria para mantener viva una conexión.

4. Erradicar todo comportamiento competitivo

Cuando estamos cerca de alguien, es fácil empezar a compararnos con él. Si tu amigo o pareja está más avanzado en su carrera que tú, nunca permitas que los sentimientos de envidia conduzcan tus acciones. Es perfectamente normal que un pensamiento celoso te atraviese el cerebro, pero nunca dejes que desencadene una decisión que les afecte. Está muy bien pensar: "Vaya, Adam está afectando mucho a todas las chicas de esta fiesta. Desearía poder hacer eso." Pero no está bien empezar a contarle a alguien sobre su momento más embarazoso sólo para bajarle los humos. Reconozca que ambos tienen diferentes fortalezas y debilidades, y que la vida no es una competencia. Busque inspiración en sus relaciones, no competencia.

5. Conozca el propósito de su relación

Cada persona en nuestra vida nos ayuda de una manera ligeramente diferente. Reconocer el propósito mayor que sirven puede encender sentimientos de aprecio y, en última instancia, nos ayudará a fortalecer el vínculo. Los regalos que traen a nuestras vidas son mucho más específicos que simplemente darnos apoyo emocional o evitar que nos sintamos aburridos. Si lo piensas, cada persona que conocemos nos da una lección única. Vea si puede identificar a las personas que continuamente le enseñan estas lecciones - y averigüe cuáles les enseña a otras personas.

- Acepta todo lo que te hace diferente.
- Está bien llorar y hablar de tus sentimientos.
- Los opuestos se atraen y se ayudan mutuamente a crecer.
- Todo puede ser divertido si lo dejas ser.
- El mundo está lleno de experiencias increíbles y hay que perseguirlas todas.
- Siempre debemos enfrentarnos a nosotros mismos exactamente como somos y esforzarnos por ser mejores.
- Disfruta de las cosas como son, no hay necesidad de complicarlas.
- Un verdadero amigo está contigo durante tus horas más oscuras.

Los Hábitos de las Personas Emocionalmente Inteligentes

¿Recuerdan cuando discutimos cómo los individuos magnéticos son adeptos a la autosuficiencia emocional? Es un atributo importante de la inteligencia emocional. Un individuo emocionalmente inteligente no sólo puede sentir, entender y sentir empatía con los sentimientos de los demás, sino que también tiene una firme comprensión de sus propias emociones.

Lo creas o no, la inteligencia emocional es un indicador más grande del éxito de uno que su coeficiente intelectual. Aunque es más probable que un coeficiente intelectual te dé un trabajo en particular, tu nivel de inteligencia emocional determinará si mantienes ese trabajo o si te ascienden. Más que esto, sin embargo, la inteligencia emocional es vital para el cumplimiento de las relaciones personales, ya sea con la familia, los amigos o las parejas románticas. Algunas personas nacen con un don intrínseco para la inteligencia emocional, pero es completamente posible que otras aprendan y desarrollen la habilidad con el tiempo. Examinemos los hábitos que alteran la vida de las personas emocionalmente inteligentes.

- **Siempre encuentran puntos en común**

Cuando se conversa con alguien, las personas emocionalmente inteligentes se centran en las similitudes en lugar de en los conflictos potenciales. No importa quién sea o cuán diferente parezca ser esa persona, siempre conversan con la intención de encontrar intereses y valores comunes. Incluso si la persona con la que están hablando abiertamente no está de acuerdo con ellos sobre algo, los individuos con un alto nivel de Inteligencia Emocional eligen enfocarse en las similitudes. Cuando se enfrentan a un conflicto, tienen la madurez de decir: "Aceptemos no estar de acuerdo".

- **Son conscientes de sí mismos**

La autoconciencia es un atributo clave de la inteligencia emocional. Esto significa que un individuo tiene una buena comprensión de quiénes son, cómo se sienten, cuáles son sus factores desencadenantes y cómo es más probable que reaccionen en un escenario dado.

Tomemos a Sally, por ejemplo. Tiene un ecualizador extremadamente alto. Después de un mal día en el trabajo, ella reconoce que se siente ansiosa y triste. Sus amigos la invitan a cenar en el centro comercial. Sabe que cuando está triste, es más probable que vaya de compras y gaste de más, por lo que tiene la conciencia de que estar cerca de un centro comercial no es una buena idea.

- **Son maestros de la autodisciplina y de la autogestión.**

¿Recuerdas cuando Sally reconoció que ir al centro comercial en un mal día tendría un resultado terrible? La conciencia es una cosa, pero tener la disciplina para decir no es otra. La autoconciencia y la autodisciplina van de la mano como el pan y la mantequilla. Después de todo, ¿qué sentido tiene ser consciente de cuál es el mejor curso de acción si no puede tomar esa acción?

Las personas emocionalmente inteligentes no son esclavas de sus impulsos. No son propensos a grandes explosiones de ira o indignación; manejan sus sentimientos en privado y, si hay que hacer algo, lo hacen con madurez. Tienen la fuerza de la mente para suprimir el comportamiento que sólo causará daño y destrucción, incluso si causa agitación momentánea. No esperan que otras personas cuiden de sus sentimientos, sino que se cuidan a sí mismas.

- **Siempre están conscientes del subtexto**

Todo el mundo sabe que hay una gran diferencia entre las palabras que la gente dice y lo que *realmente* dice. Los individuos con un alto nivel de Inteligencia Emocional siempre están conscientes de este subtexto. Son maestros en la interpretación de los tonos de voz, el ritmo de las palabras y la vibración general que desprende cada persona que conocen. Con todo lo que miden a través de la observación, son capaces de entender lo que no se dice. La intuición y los "sentimientos viscerales" también pueden ayudar a descifrar el subtexto. Si tienes un fuerte presentimiento sobre algo, lo más probable es que estés en algún subtexto.

- **Se mantienen alejados de los juegos de culpabilidad**

Las personas emocionalmente inteligentes son maestros de la responsabilidad y la aceptación. Cuando algo sale mal, se resisten a la tentación de señalar con el dedo a otra persona. Reconocen que por lo general se necesita más de una persona para crear una situación determinada. Si descubrimos que un amigo habló de nosotros a nuestras espaldas, es fácil echarle toda la culpa a ellos y decirles que no deberían haber hecho eso. ¿Pero qué pasa si tu amiga dice que está enojada porque le debes mucho dinero y ella cree que nunca le devolverás el dinero? Es importante que reconozcamos nuestra parte en cada situación. No se trata de sentirse culpable, se trata de admitir que tenemos más poder del que nos damos cuenta y reconocer las repercusiones.

Habilidades de conversación

Es cierto que a veces podemos culpar a una persona por algo que sale mal. Si usted tomó todas las precauciones de seguridad y alguien le robó de todos modos, parece muy claro a quién se le debe culpar. No tú, sino ellos. Evitar el juego de la culpa no significa que nunca puedas decir que alguien más cometió un error; significa que no te quedas atrapado en un bucle de culpa en el que te haces sufrir más de lo necesario. Es la diferencia entre pensar "Ese hombre cometió un error" y "Qué hombre tan horrible". ¿Cómo se atreve? Ahora todo está arruinado y todo es por su culpa".

Por qué la autocompasión es importante para las relaciones sanas

Una idea equivocada muy conocida acerca de las relaciones satisfactorias es la idea de que necesitamos dar, dar y dar a nuestros compañeros más cercanos. La bondad y la empatía hacia los demás son partes importantes de toda relación, eso es cierto, pero es imperativo que nunca descuidemos nuestras propias necesidades. De hecho, una buena regla empírica es tratarte a ti mismo de la manera en que tratarías a un buen amigo. Nunca le pediríamos a una amiga que dé hasta que no tenga nada, así que nunca deberíamos pedirnos eso a nosotros mismos.

La autocompasión nos ayuda a recargarnos para que podamos continuar haciendo lo mejor para el mundo en el que vivimos. Cuando nos drenamos de energía, somos más propensos a la depresión, el mal humor o el agotamiento general. Nos despojamos de todo lo que necesitamos para seguir siendo buenos amigos. Indirectamente, la autocompasión también ayuda a las personas que nos importan.

Aquí están las maneras en que podemos mostrarnos autocompasión en nuestras relaciones diarias:

- Tus amigos quieren que te quedes hasta tarde para una gran noche, pero estás agotado del trabajo y no quieres ir. En lugar de forzarte a salir porque todo el mundo quiere que lo hagas, pon en primer lugar el autocuidado. Díselo a tus amigos: "Voy a dejar para otro día y me quedaré en casa a descansar. Estoy

Habilidades de conversación

muy cansado, así que sé que lo entiendes. ¡Hagamos otra cosa pronto!"

- Estás con un grupo de personas que están compartiendo historias de sexo. Siempre has sido una persona más reservada y empiezas a sentirte incómoda con el tema. Cuando todos te miren expectantes, esperando una historia, no te sientas presionado. Sólo dilo: "Prefiero mantener esta parte de mi vida en privado, así que voy a pasar." O si estás con un grupo más cercano de amigos, no dudes en decirles: "No me siento cómodo compartiendo historias tan íntimas. ¿Podemos cambiar de tema?"
- Te encuentras con un amigo del que no eres muy amigo. Se entera de que rompiste con tu pareja y te presiona para que te cuentes todo lo que pasó, aunque no quieras hablar de ello. Sea amable con usted mismo y no ceda a la presión si eso le causa angustia. Díselo: "Aún no estoy listo para hablar de ello. Todavía es difícil de pensar, así que tendré que decírtelo en otro momento. Gracias por tu preocupación."
- Si un miembro de la familia dijo algo extremadamente doloroso y de repente quiere verte, sé compasivo contigo mismo y pregúntate si estás listo o si quieres hacerlo. Cuando alguien nos hace daño puede pasar un tiempo antes de que nos sintamos seguros a su alrededor de nuevo. Esto no es culpa nuestra, y siempre debemos asegurarnos de que estamos preparados para futuras interacciones.

Las relaciones sanas y profundas requieren que ambas partes sean atendidas. Para desarrollar conexiones más satisfactorias, asegúrese de que ambas partes obtengan lo que necesitan cada vez - ¡y sí, eso significa que usted también! Asegúrese de que se respeten los límites y de que siempre se logre el equilibrio.

Capítulo 7 - Situaciones difíciles y errores sociales

Tiene que suceder en algún momento. Desafortunadamente, es cuando menos te lo esperas. Crees que todo va a la perfección y sientes que eres tan suave como la miel, pero entonces sucede lo inesperado. Tal vez dices algo que no deberías haber dicho - un flub fácil o un no-no mayor - o tal vez las circunstancias están fuera de tu control, y un verdadero idiota sale de la nada, desbaratando todos tus movimientos bien jugados y haciéndote ver como un tonto.

No somos perfectos y tampoco lo es nadie más. Momentos incómodos sucederán y algunos de ellos serán dignos de ser recordados. Además de esto, hay mucha gente grosera, y nos vamos a encontrar con ellos nos guste o no. Para convertirse en un maestro de la conversación, es necesario que usted entienda cómo difundir una situación social difícil. Puede haber caminos rocosos adelante, así que es mejor prepararse.

Cómo hablar para salir de situaciones difíciles o incómodas
No te quedes sentado y te pongas rojo en la cara. Hay muchas maneras en que podemos usar el habla y la conversación para mitigar una conversación difícil. Le sorprenderá lo mucho que podemos lograr con estos consejos rápidos.

- **Ofendiste a alguien**

Hay muchas razones por las que usted podría encontrarse en esta difícil posición. Podrías haberte encontrado con alguien que era fácil de ofender, o tal vez, sólo tal vez, dijiste algo legítimamente terrible. El primer paso es siempre disculparse, lo quieras o no, y hacerles saber que no quisiste ofenderlos. El segundo paso depende de usted.

i) Insista en que eligió mal sus palabras y que no era lo que quería decir. Si puede, corrija lo que dijo con una redacción mejor y menos ofensiva. También puede atribuirlo a la falta de sueño o a la fatiga, y decirles que usted no es tan elocuente como normalmente lo es.

ii) Asumir la culpa, ser vulnerable y transferir el poder de usted a la otra parte. Por ejemplo, digamos que accidentalmente insultaste la forma en que tu amiga se vistió para una fiesta y ella está notablemente molesta. Aclare las cosas inmediatamente diciendo: "Lo siento. En realidad soy yo, no tú. Me siento muy cohibido con este traje, y tú te ves genial. Estoy un poco celoso, así que proyecté lo que siento sobre ti".

- **Alguien te insulta abiertamente**

Horrible, escandaloso, humillante; estas son algunas de las palabras que podrías usar para describir el momento en que alguien te insulta. Puede ser directa y directa, o muy implícita. De cualquier manera, es probable que te sacuda hasta la médula.

El primer paso es considerar si realmente nos han insultado. A menudo, podemos percibir las declaraciones brutalmente honestas como insultantes, pero en realidad se basan en una dura verdad que no queremos aceptar. Si encontramos que el insulto es más factual que no, entonces acepte lo que se está diciendo, discúlpese si es necesario y ajuste su comportamiento, teniendo en cuenta esta nueva retroalimentación.

También puedes darte cuenta de que el insulto fue real, y que una persona realmente atacó a tu personaje. En ese caso, puede seguir cualquiera de estos pasos:

i) Usar el humor para socavar y ridiculizar el insulto. Esto requiere cierta habilidad, pero cuando se hace correctamente, se puede ganar a toda una audiencia.

ii) **Defenderse** de una manera honesta y tranquila. Esto no significa defenderse. Si alguien te llama idiota por no saber algo, puedes responder diciendo: "No soy idiota. Nadie lo sabe todo y todos estamos aprendiendo aquí". Defendiéndote de una manera madura, saldrás de la situación en la cima.

iii) Dejar que se deslice, pero después sacarlo en privado. Si no eres rápido de pie, está bien no decir nada o reírte de ello por el momento. Más tarde, puede llevar a la persona a un lado y confrontarla sobre lo que dijo. Esta opción es más probable que obtenga una reacción significativa de la persona que lo insultó. Después del calor del momento, la gente a menudo se arrepiente de sus errores. Sea honesto acerca de lo innecesario e hiriente que fue ser insultado. Esta confrontación directa puede hacer que esta persona se disculpe.

- **Alguien trata de discutir contigo**

Cuando nos metemos en una conversación, la mayoría de la gente se esfuerza por mantenerla en armonía. Sin embargo, por muchas razones, es posible que encuentre a alguien con un enfoque argumentativo. Esto puede ser porque se sienten apasionadamente en contra de algo que usted dijo, o puede ser debido a su personalidad. Asumiendo que no tiene ningún interés en entrar en este argumento, puede seguir cualquiera de estos pasos:

i) Diga "Acordemos estar en desacuerdo". Desconéctese completamente de la acalorada discusión. Córtala antes de que empeore.

ii) Escuchar el punto de vista de la otra persona. Al final del día, la persona sólo quiere que veas su lado. Permítales que lo pongan al tanto, mientras dicen que usted ve su punto de vista. Reconozca que tienen puntos interesantes, pero evite mencionar su opinión. Poner en práctica sus habilidades de escucha es otra manera efectiva de evitar una discusión.

- **Alguien se te insinúa de forma odiosa.**

Las mujeres experimentan esto más a menudo que los hombres. Usted puede estar en cualquier lugar, en un autobús o en una fiesta, y alguien puede decidir hacer una jugada. A través del lenguaje corporal y la naturaleza de su discurso, usted entiende que no está interesado, pero el individuo coqueto no se mueve.

i) Dígales que paren. A veces se puede sentir que esto es lo peor que se puede hacer, pero por lo general es el método más efectivo. La otra persona no puede captar una indirecta, así que a veces no hay otra manera de decírselo abiertamente. No tiene que ser grosero si estás tratando de dejar salir a esta persona suavemente. Podrías decir: "Me estás haciendo sentir incómodo. Realmente no estoy interesado. He tratado de hacértelo saber discretamente, pero quizás no estoy siendo lo suficientemente claro."

ii) Mencione que tiene una pareja. En la conversación, deja que se te escape que tienes un novio o novia, o un esposo o esposa. Si puedes hablar de ellos, es más probable que te dejen en paz. Incluso puede hacer esto si no tiene una pareja; sólo esté preparado para responder a las preguntas que le hagan.

iii) Buscar la compañía de un tercero. Si estás en una reunión social, pídele a otra persona que se una a ti o que se disculpe para participar en una conversación diferente. No tengas miedo de decirle a otra persona (idealmente del mismo sexo que tú) que necesitas ayuda para deshacerte de un coqueteo odioso. La mayoría de la gente simpatiza contigo y trata de ayudar.

- **Necesitas romper con un novio o despedir a un empleado**

Estas son algunas de las conversaciones más difíciles de iniciar. Y sin embargo, dominar cómo hacerlo puede hacer una diferencia genuina en la vida de la persona rechazada. Un mal rechazo o fin de una relación puede bajar la autoestima de alguien, o empoderarlo para que crezca. Para asegurar que sea la segunda en lugar de la primera. Siga estos consejos.

i) Hacer el tiempo y hacerlo en persona. Aunque la situación es extremadamente incómoda para usted, sin duda, no se precipite en la charla y haga que la reunión sea lo más personal posible. Es más difícil para la otra persona que para ti, así que asegúrate de darle todo el cierre que necesite. Si no tienen un cierre, hay una mayor probabilidad de que se lo tomen mal y les resulte difícil seguir adelante.

ii) Cuénteles los temas con honestidad, pero también mencione su potencial. Siempre debemos ser bastante honestos sobre lo que no está funcionando. Si estás rompiendo con tu pareja porque sientes que no eres compatible, está bien que se lo digas. Pero asegúrese de mencionar también algo que no los haga sentir como un fracaso. Empoderarlos para que encuentren otro socio o empleador. Si usted se va a separar de ellos debido a un problema existente, deles consejos constructivos sobre cómo crecer. También esté preparado para la posibilidad de que también le den retroalimentación.

iii) Termine la conversación con una nota positiva. Puede que sea una ocasión triste e incómoda, pero no hay razón para que tenga que terminar con esa nota. Deséenles buena suerte en todos sus esfuerzos futuros. Dígales que está tan seguro de que encontrarán un trabajo o una pareja que sea adecuado para ellos, ¡muy pronto!

Lidiando con personalidades difíciles

No importa cuántas tácticas sociales tengas bajo la manga; cuando una persona difícil entra en juego, a veces puede estar decidida a arruinar el estado de ánimo o a calentar una conversación. Para un número de personas difíciles, es simplemente como son, pero es importante notar que para la mayoría de las personas, podría ser sólo un mal día o un período difícil en su vida. Aunque esto no excusa su comportamiento, debería animarnos a identificarnos con ellos y resistir el impulso de ser desagradables.

Antes de discutir los tipos específicos de personalidades difíciles, he aquí tres reglas generales para tener en cuenta:

- Considere cuál es su necesidad real. ¿Qué es lo que realmente quieren que no sepan cómo llegar de una manera saludable? Puede haber necesidades generales que son comunes a ciertos tipos de personalidad, pero a menudo pueden ser específicas del individuo.

- Mantenga la calma y escuche lo que dicen antes de responder.

- Tome el camino correcto y continúe tratándolos con respeto.

1. El Ególatra

Los ególatras tienen un sentido inflado de autoimportancia y de alguna manera la conversación siempre parece llevarnos de vuelta a lo grandiosos que son. Pueden ser abiertamente ególatras, hablando sin vergüenza de sus logros, pero a veces puede ser sutil. Muchos intentan parecer una persona normal, pero te darás cuenta de que no les importa lo que estás diciendo, y si lo hacen, pueden mostrar algo de competitividad. Para detectar a un ególatra, busque a alguien con extrema confianza. Es probable que tengan un sentido de derecho que se manifiesta en una actitud de "Esto es tan injusto" sobre algo menor. Los ególatras suelen estar solos, pero si no lo están, van acompañados de otros ególatras o de una pareja muy sumisa.

La verdadera necesidad: La mayoría de las veces, lo que puede aparecer como egomanía es en realidad una profunda inseguridad y una base emocional débil. En el fondo, sienten que hay algo que les falta, así que deben vencer este instinto visceral gritando sobre lo grandes que son. Si no lo hacen, tendrán que enfrentarse a sus verdaderos sentimientos sobre sí mismos, y son tan débiles que no pueden manejar esta realidad. Lo que realmente necesitan es reconocimiento, pero no sobre sus logros superficiales. En cambio, necesitan seguridad sobre sus cualidades más profundas. Tienen tanta inseguridad sobre su verdadero yo, que sobre compensan y se jactan de los otros aspectos de su vida que pueden controlar, como el auto que conducen, con quién se han acostado, o cuánto dinero ganan.

A veces, sin embargo, el ególatra que has conocido es un sociópata. No sienten remordimiento ni empatía, y pueden ser extremadamente inteligentes. Estas personas no anhelan el reconocimiento, y su necesidad es simplemente dominar a los demás.

Solución: Un ególatra no puede aceptar bien la crítica y no es capaz de rendir cuentas, así que estaría perdiendo el tiempo tratando de obtener una disculpa. La mejor manera de tratar con ellos es no tomar en serio lo que dicen y evitar darles la adulación que desean. En las discusiones, sólo se tratan los hechos y nunca las emociones. Recuerde, a ellos no les importan sus emociones, sólo las suyas.

2. El matón

A nadie le gusta un matón y si te encuentras con uno, es probable que no seas la única persona que está tratando de luchar contra él. El intimidador disfruta avergonzando, humillando o señalando a las personas que lo rodean. Se emociona al ver a alguien con la guardia baja o sin palabras después de menospreciarlo. La mayoría de las veces, un intimidador sólo actúa de esta manera cuando está en un grupo. Uno a uno, puede que lo encuentres bastante inseguro y distante, pero no siempre. Los acosadores adultos pueden causar tanto daño como los acosadores infantiles, pero desafortunadamente, no se enfrentan tanto a su comportamiento; a los adultos no les gusta admitir que están tratando con un acosador.

La verdadera necesidad: Los intimidadores generalmente vienen de la vida hogareña donde ellos mismos fueron dominados o intimidados. Su comportamiento está arraigado en un sentimiento de no tener control o poder; es por eso por lo que buscan escenarios en los que puedan sentirse poderosos. Incluso si no tiene sus raíces en una vida hogareña traumática, la necesidad de todos los intimidadores es similar: sentirse poderoso y superior al agitar las emociones de alguien y hacer que se sienta inferior.

Solución: Los intimidadores disfrutan incitando una reacción en su objetivo, así que hagas lo que hagas, actúa con calma y evita ser reactivo. Manténgase fresco frente a su agresividad y pronto se darán cuenta de que no pueden obtener lo que quieren de usted. Dese cuenta de que se están comportando desde una necesidad inmadura e infantil, por lo que debe tratarla como tal. No les des el placer de sentir que dominan tus emociones. Si usted conoce bien a este bravucón, llámelo por su comportamiento y no deje que se salga con la suya.

3. La Víctima

No se equivoque, la víctima puede parecer una persona inofensiva y patética, pero puede hacer mucho daño, incluso sin darse cuenta. Las víctimas siempre se sienten perseguidas, como si estuvieran constantemente recibiendo el palo más corto. Pueden acusar a otros de tratarlos de manera diferente o de comportarse cruelmente con ellos, aunque no haya ocurrido tal cosa. A estas personas les encanta hablar de sus problemas personales. Son propensos a compartir mucha información en poco tiempo y pueden hacerlo durante períodos de tiempo prolongados. Si tratas de sacar a relucir tus propios problemas, ellos responderán con una actitud que diga: "Mi problema es mucho peor". Si una Víctima causa daño a otra persona, le cuesta trabajo hacerse responsable. Creen que no pueden herir a los demás, ya que son ellos los que realmente están sufriendo.

La verdadera necesidad: En algún momento de la vida de la Víctima, no obtuvieron la empatía o simpatía que necesitaban de una persona importante, como un padre. Durante algún acontecimiento de la vida, ellos fueron verdaderamente la víctima de la situación, pero nadie lo reconoció. Debido a que no consiguieron el cierre que necesitaban, continuaron llevando esta necesidad de compasión a otras áreas de su vida. Las Víctimas necesitan empatía, pero más que nada, también necesitan límites. Necesitan darse cuenta de que lo que les sucedió en el pasado está separado de lo que está sucediendo ahora.

Solución: Para evitar todo el drama de la Víctima, no les sigas la cuerda. Una vez que empiezan con sus problemas, es difícil para ellos dejar de hacerlo. En vez de eso, trate con ellos positivamente y deles lo opuesto de lo que quieren escuchar. Diga cosas como: "Lamento oír eso, pero es genial que al menos tuvieras amigos maravillosos que te ayudaran". Incluso si no están convencidos de tu positividad, les mostrará que no pueden arrastrarte a su agujero de autocompasión. Si conoces bien a la persona, dale límites. Por ejemplo, digamos que usted les escuchará quejarse durante cinco o diez minutos, pero después de eso, usted sólo está interesado en discutir soluciones a los problemas.

Habilidades de conversación

4. Los Nancy Negativos

Al igual que las víctimas, los individuos negativos pueden parecer buenas personas. Sin embargo, una vez que entres en una conversación más profunda, notarás una cosa: ¡explotan tanta negatividad! Son desconfiados y siempre ven el lado negativo de cada problema. Ellos lo desanimarán del menor riesgo, y usted puede dejar interacciones con ellos sintiéndose más preocupado, y mucho menos excitado.

La verdadera necesidad: Ante los ojos de la persona negativa ellos, no están siendo negativos, sólo realistas. Al ser negativos, intentan controlar la situación manteniéndose conscientes del peor escenario posible. En algún momento en el pasado, bajaron la guardia y ocurrió algo malo que estaba fuera de su control. Desde entonces, han necesitado sentir que tienen el control, así que siempre esperan el peor de los casos. Desafortunadamente, al hacer esto, tiende a convertirse en una profecía autocumplida.

Solución: Contrarresta su negatividad con positividad, pero recuerda que no es tu responsabilidad hacerlos felices. Muestre a la Nancy Negativa que sí tienen control sobre la creación de un resultado positivo. Y demuéstrales que infundir negatividad en cada situación puede realmente traer un resultado negativo. Considere la posibilidad de compartir algunas historias interesantes de su vida en las que se arriesgó y que resultaron en algo muy positivo.

5. Los Contrarios

Es normal tener una dosis de contrariedad en nosotros, pero los verdaderos contrarios la llevan al extremo. No importa lo que digas, aunque sea completamente razonable, el contrario siempre tomará el bando contrario. Les encanta debatir y no les importa lo que la gente piense de ellos. A menudo, incluso hacen de abogado del diablo, adoptando una opinión impopular, sólo para provocar un buen argumento. Cualquiera que ame el debate puede llevarse bien con un oponente, pero aun así, el desafío constante puede ser agotador.

Habilidades de conversación

La verdadera necesidad: Las necesidades de los contrarios pueden variar. A veces, el individuo realmente quiere aparecer como una persona única - alguien que se destaca entre la multitud. Otras veces puede provenir de una genuina desconfianza hacia la autoridad; por lo tanto, cualquiera que sea la opinión principal, inmediatamente esperan algo sospechoso detrás de ella. Cuando se enfrentan a una autoridad percibida, es una rebelión y un intento de sentirse superiores. A veces sienten que están haciendo lo correcto, pero otras veces es puramente para satisfacer su propio ego. Si ellos pueden poseerte en un argumento, entonces en su mente, han afirmado su superioridad sobre alguna fuerza de autoridad.

Solución: Los contrarios son algunas de las personalidades más probables para empezar a discutir. La mejor manera de evitarlo es concentrarse en encontrar un terreno común con ellos. Dado que son tan apasionados por ciertos temas, un enfoque de "pongámonos de acuerdo en desacuerdo" puede que no siempre funcione. En este caso, intente adoptar un enfoque de escucha. En lugar de discutir, pregúnteles acerca de sus opiniones y pídales que se lo expliquen más a fondo. No puede convertirse en un argumento si no introduces tu opinión en el asunto.

Si usted discute con un adversario, apéguese a los hechos. No se frustre ni se sienta abrumado por la emoción, ya que algunos contrarios disfrutan de esto. Otra manera de evitar un debate es hacer que el adversario le diga primero su opinión. De esa manera sabrás cómo estar de acuerdo con ellos y evitar una discusión.

¿Cuándo está bien mentir?

A todos nos dicen que mentir es malo, pero no siempre es tan simple. Nunca debemos mentir para manipular o engañar, pero hay muchas ocasiones en las que mentir puede ser útil o beneficioso. Si no está seguro de si está bien mentir en una situación en particular, hágase estas preguntas. Cuantas más veces respondas "sí", más probable es que *no debas mentir*.

- Si miento, ¿prolongaré una situación que es perjudicial para alguien?

- Si miento, ¿estoy permitiendo que alguien se haga ilusiones malsanas?

- Si miento, ¿me salvaré de un peligro potencial?

- Si digo la verdad, ¿bajaré su autoestima?

- Si digo la verdad, ¿heriré los sentimientos de alguien por algo de lo que no tiene control?

Capítulo 8 - Uso de la conversación para obtener lo que desea

Los mejores conversadores están constantemente usando palabras para usarlas a su manera. Puede ser algo tan menor como convencer a un amigo de que salga contigo o tan importante como convencer a tu jefe de que necesitas un aumento masivo. Y si no lo estás haciendo, lo más probable es que te lo hayan hecho a ti. La parte más loca es que ni siquiera vas a ser consciente de las tácticas más exitosas contra ti. Los conversadores más persuasivos pueden pasar desapercibidos como un gato negro en la oscuridad.

Como hemos demostrado, nunca se trata sólo de lo que dices, sino también de cómo te comportas. Su comportamiento sentará las bases para sus palabras e influirá fuertemente en cómo se manifiestan. Por eso, en el campo de la persuasión, también debemos comenzar con tácticas de comportamiento.

Maneras sutiles de demostrar dominio

Mostrar dominio real no se trata sólo de actuar como un idiota o actuar con arrogancia. De hecho, si te presentas como una persona desagradable, sólo estás mostrando un comportamiento agresivo. Esto no requiere ninguna habilidad y no es un método sostenible de tomar o mantener el poder. Estás jugando con la necesidad de todos de defenderse contra la violencia acorralándolos y haciéndoles sentir que no tienen otra opción. La verdadera dominación, por otro lado, se logra haciendo que otros sigan su ejemplo voluntariamente.

Si dos personas, iguales en experiencia y habilidad, son entrevistadas para el mismo trabajo, el comportamiento dominante puede hacer que una de las partes parezca más competente. Por qué? Es mucho más de lo que se ve en el papel. Una persona que muestra un comportamiento dominante muestra habilidades potenciales de liderazgo y el gran ganador, la confianza. Presenta la ilusión de que su competencia es más fuerte que la de la otra persona, aunque no sea verdad. Incluso fuera del ámbito profesional, el comportamiento dominante hace que sea más probable que la gente te escuche y aumenta tu nivel de atractivo para el sexo opuesto.

Dicho esto, no necesitas convertirte en un alfa total para tener éxito, sólo necesitas tener en cuenta algunos de estos consejos para cuando se revele el escenario correcto.

1. **Haz tu cuerpo más grande**

La psicología detrás de este signo de dominación tiene sus raíces en nuestra naturaleza animalista. En el reino animal, muchas bestias muestran la grandeza de su tamaño para intimidar a los otros contendientes. El que parece mayor gana por defecto, sin necesidad de incitar a la violencia. Los humanos también pueden hacer esto para afirmar con éxito su dominio. Para que su cuerpo se vea grande, abra el pecho, manténgase erguido, y si no se ve antinatural, ponga las manos en las caderas. Además de lo anterior, las mujeres también pueden demostrar dominio usando zapatos de tacón alto.

2. **Caminar por el centro de la habitación**

Cuando se encuentra en una habitación abarrotada, las personas tienden a hacer su cuerpo más pequeño y a moverse a través de cualquier lado de la habitación que tenga más espacio. En lugar de adaptarse a la habitación, trate de hacer que la habitación se adapte a usted. Camine por el medio de la habitación, incluso si hay una multitud, y espere que la gente se aparte de su camino. La mayoría de la gente quiere evitar tropezar con alguien, así que se moverán si usted se niega a hacerlo.

3. **Sentarse en la cabecera de la mesa**

La persona que se sienta en la cabecera de la mesa lo supervisa todo. Pueden vigilar a cualquiera, y ocupan el único asiento que no comparte su nivel con nadie más. La próxima vez que estés con un grupo, siéntate en ese asiento dominante.

4. Usar gestos con las manos y tocar

Para hacer valer su dominio, haga buen uso de sus manos. Asegúrese de iniciar un apretón de manos extendiendo la mano primero. Entonces recuerde, para sacudir con firmeza. Mientras habla, use sus manos de manera expresiva, pero mantenga sus muñecas fuertes y nunca cojeando. Los individuos dominantes también tocan a otras personas, aunque no las conozcan muy bien. Esto no es sexual. Esto puede ser un golpe amigable en el hombro, una bofetada en la rodilla, o tal vez incluso una mano colocada en la espalda seguida de una declaración directiva como: "Vamos a conseguirte otro trago".

5. Hablar con una voz más fuerte

Los estudios han demostrado que la voz más alta del grupo se considera la más dominante. Aunque hablen menos que otros, hará que todos los demás se detengan debido a su volumen. Use los pulmones y el diafragma para lograr una voz más fuerte. Al intentarlo, no grites ni grites mientras estás en conversación, ya que esto sólo alarmará y posiblemente ahuyentará a las personas que te rodean.

También es muy importante asegurarse de que su voz nunca se eleva en tono cuando usted conversa. Cuando estamos en presencia de alguien que sentimos que es superior, nuestras voces se vuelven inmediatamente más agudas de lo normal. Mantenga su voz en su tono normal en todo momento para evitar parecer sumiso.

Ahora que tenemos nuestro comportamiento bajo control, hagamos un vaivén.

Técnicas de persuasión para todas las situaciones

1. Enmarcar

Cuando se trata de balancear a la gente en una dirección de su elección, el arte de enmarcar es un clásico. Cuando enmarcamos algo, destacamos los atributos que mejor ayuden a nuestro argumento, mientras prestamos menos atención o incluso ocultamos sus factores menos atractivos.

Digamos que estás tratando de convencer a un amigo tuyo de que se vaya de vacaciones contigo y tu familia. Para ayudar a su argumento, usted debe mencionar la hermosa ubicación, las actividades divertidas, las lujosas habitaciones de hotel, los atractivos locales, etc. Y debes evitar hablar largo y tendido sobre tu molesta tía Margaret y el hecho de que estará muy concurrida durante la temporada turística. Si tu amigo ya sospecha los riesgos, entonces reconócelos, pero enfatiza los aspectos que ayudarán a tu argumento.

2. La escalera del sí

Esta técnica psicológica ha demostrado tener éxito en obtener una respuesta afirmativa cuando se usa correctamente. El primer paso es pensar en la gran pregunta a la que necesita una respuesta positiva. Una vez que haya determinado qué es esto, empiece a pensar en preguntas más pequeñas y relevantes que tengan más probabilidades de obtener una respuesta afirmativa. Poco a poco se abrirá camino a través de las preguntas fáciles, antes de terminar con la gran pregunta.

Por ejemplo, digamos que usted está tratando de convencer a su familia para que se vaya de vacaciones, pero usted sabe que son reacios a dejar su rutina normal. Comenzarías con preguntas como: "¿Alguna vez has sentido que hay tanto en el mundo que aún no has visto?" y "¿Estás de acuerdo en que la vida es más satisfactoria cuando estás tomando riesgos y experimentando algo nuevo? Podrías decir:"¿Alguna vez has sentido que estás desperdiciando tu vida jugando a lo seguro?" Lo más probable es que digan que sí a todas estas preguntas. Una vez que haya extraído todas las respuestas "sí", su gran pregunta tiene una probabilidad mucho mayor de éxito. Finalmente, te preguntas, "¿Quizás es hora, entonces, de ir de vacaciones y finalmente tener algunas experiencias nuevas?

3. La petición irrazonable

Habilidades de conversación

Si la escalera de la respuesta afirmativa no es la adecuada, ¿por qué no intentar lo contrario? En lugar de hacer una gran pregunta, comience con una pregunta irrazonable. Es importante asegurarse, sin embargo, de que usted no quiere esta petición irrazonable. Estás esperando que la otra persona diga que no a esto para que cuando finalmente llegues a tu petición más pequeña, parezca mucho más razonable. Por ejemplo, digamos que le estás pidiendo a alguien que haga una donación a tu organización benéfica. Empieza diciendo:"¿Te interesaría hacer una donación de $200?" Cuando sacuden la cabeza y dicen que no, por fin puedes decir: "Entendemos". En ese caso, ¿qué tal una donación de 10 dólares?"

4. **Hay que destacar los beneficios**

Para convencer eficazmente a alguien de un curso de acción, usted debe considerar los beneficios que experimentará. Nunca asuma que la gente hará algo simplemente por la bondad de sus corazones, especialmente si usted no es un amigo o pariente cercano. Cuando estés tratando de persuadir a alguien, realmente enfatiza los beneficios que recibirá si está de acuerdo con lo que estás diciendo. Esto funciona en todas las situaciones. Si hay una razón por la que son reacios, muéstreles cómo uno de los beneficios les ayudará a resolver ese problema. Si está tratando de convencer a un compañero de trabajo para que almuerce con usted, pero está demasiado ocupado haciendo toques de última hora en un proyecto, no se limite a enfatizar lo buena que será la comida. Sea específico con sus beneficios. Por ejemplo, se podría decir que probablemente trabajará mucho más eficientemente una vez que coma algo de buena comida.

5. **Acelerar o ralentizar el habla**

Una regla de persuasión conocida es que si es más probable que la audiencia esté en desacuerdo con lo que usted está diciendo, aumente la velocidad a la que usted está hablando. Vemos esto mucho en los vendedores, que hablan más rápido para que la persona con la que hablan se sienta abrumada por la información. Esto les da menos tiempo para notar cosas que pueden ser incorrectas y es menos probable que formen un contraargumento.

Si usted piensa que las probabilidades están a su favor, lo contrario será beneficioso. Reduzca la velocidad de su discurso si cree que existe una gran posibilidad de que su público esté de acuerdo con usted. Esto asegurará que los demás se sientan más satisfechos con su decisión. Si les das tiempo para evaluar toda la información que has presentado, sentirán como si hubieran llegado a la conclusión por su cuenta. No se sentirán como si estuvieran sujetos a tácticas de persuasión, y esto los hará más felices con su decisión.

Tres trucos para seducir a alguien a través de la conversación

En primer lugar, aclaremos una cosa. Si alguien no tiene ninguna atracción hacia ti, esta sección no puede cambiar las cosas. De hecho, te será difícil encontrar algo que pueda. Sin embargo, puede convertir un poco de atracción en mucha atracción. Si hay algo ahí, se puede mejorar con estos consejos.

1. Fraccionamiento

El fraccionamiento es una herramienta de programación neurolingüística y sus intenciones originales no eran de seducción. De hecho, se utilizó para mejorar el estado de hipnosis de un paciente durante la hipnoterapia. A pesar de ser controversial, que: funciona. Se trata de utilizar una dinámica caliente-luego fría donde el deseo se eleva a través de un refuerzo intermitente.

Es fácil utilizar este método de seducción de una manera poco ética, pero no aconsejamos recurrir a un comportamiento abusivo. En su lugar, considere las muchas maneras éticas en que podemos usar el fraccionamiento para despertar el deseo.

- Incorpore temas de conversación calientes y luego fríos. Durante una conversación ordinaria, tendemos a empezar con una conversación alegre. Y si queremos prolongar la interacción, a menudo se profundiza hasta que está en su estado más intenso, y ambas partes experimentan algún nivel de agotamiento. Cuando usamos el fraccionamiento, vamos y venimos entre temas de intensidad y temas que son más informales. Depende de ti con cuál empiezas, pero siempre debes hacer que la transición sea natural. Pasen de las bromas informales a la discusión acerca de sus familias, a las bromas alegres acerca de los programas de televisión, a los rompecorazones, y así sucesivamente.

Asegúrese de que los temas serios pongan en juego sus sentimientos, y los temas alegres deben ser objetivos o humorísticos. Esta montaña rusa de estados de ánimo intensificará el sentimiento de intimidad. La otra persona sentirá que ha compartido todo con usted, y usted se ganará su confianza.

- Haga declaraciones de empujar y tirar. Al hacer declaraciones que empujan y tiran de un compañero, es importante mantener a ambos lados iguales. Demasiado empuje, y pensarán que eres una persona mala o simplemente no interesada. Demasiado tirón, y pensarán que eres necesitado y pegajoso. Las declaraciones de "empujar y tirar" le permiten expresar sus sentimientos sin abrumar a nadie. Cuando se hacen bien, pueden despertar el interés y aumentar el deseo.

Para formular la declaración ideal para su situación, elija un aspecto de su personalidad que complemente (no componga una buena cualidad - realmente elija una que ella encarne) y dé vuelta a una respuesta convencional en su cabeza. Por ejemplo, podrías decir: "Odio lo increíble que eres con la guitarra. Es un golpe para mi ego". También es importante entregar esta línea con humor y forma juguetona, para que la perciban como positiva en lugar de negativa. Otro ejemplo de tal afirmación es: "Te vistes tan bien que estoy empezando a pensar que no deberías ser visto conmigo". Cualquier cosa que decidas decir, asegúrate de que no parezca un insulto.

2. Insinuación

En pocas palabras, la insinuación es el acto de plantar un pensamiento o una idea en la cabeza de alguien. En lugar de forzar una dirección, simplemente dejas que esta semilla cuidadosamente plantada crezca por sí sola. Cuando usamos la insinuación para seducir, permitimos que el objeto de nuestro deseo vea rápidamente lo que tenemos en mente.

- Toca a una persona con brevedad, especialmente cuando no se lo espera. Aconsejamos hacer esto en una parte del cuerpo que está obligada a enviar un hormigueo a su columna vertebral, aunque uno debe permanecer lejos de todas las regiones privadas. Ponga una mano en la parte inferior de la espalda, frote afectuosamente el hombro de alguien o agarre suavemente justo por encima de la rodilla.
- Realice ocasionalmente una mirada seductora, especialmente mientras mantiene una conversación alegre. Use sus ojos para comunicar cómo se siente realmente, mientras sus palabras permanecen en la zona segura.
- Utilice dobles sentidos inteligentes. La palabra clave aquí es "inteligente". La mayoría de las personas no responden bien a las insinuaciones sexuales vulgares, pero un doble sentido bien situado, en el momento justo, puede hacer que un amante potencial se mueva. No tiene que ser sexual, puede ser simplemente romántico. Un doble sentido es cualquier afirmación que pueda tener dos significados. Si te refieres a tu carrera, podrías meterte en la fila: "Soy el tipo de hombre que va tras lo que quiere y no lo suelta". Esto cuenta como un doble sentido, ya que también se podría hablar de actividades románticas. Si lo acompañas con una mirada, puedes hacer que la otra persona se desmaye. Un doble sentido sexual es un poco más arriesgado, pero si lees bien las señales, esto podría aumentar la presión en tu cita.

3. Pausas

Sabes todo sobre la tensión sexual, ¿no? Cuando no podemos tener a alguien exactamente cuándo lo queremos (y el sentimiento es mutuo), nuestro sentido del deseo crece y crece, hasta que se sale de la carta. Como hemos demostrado, el suspenso aumenta todas las emociones. Y esta es exactamente la razón por la que una pausa oportuna y bien colocada puede ser muy poderosa. Aquí hay algunos ejemplos de cuándo una pausa puede ser efectiva.

- En un gran cumplido. Antes de concluir el cumplido, inserte una pausa que puede ir acompañada de una mirada o una sonrisa tímida. Digamos que estás elogiando tu enamoramiento actual. Podrías decir: "Te ves.... impresionante". Esta pausa hace que el cumplido parezca mucho más reflexivo y genuino, como si realmente lo hubieras pensado, en lugar de simplemente soltarlo.

- En una declaración vulnerable. Si estás discutiendo o explicando algo en el reino de los sentimientos, añade una pausa antes de la parte más reveladora de tu frase. Esto aumentará la intimidad y la vulnerabilidad de la situación. Si estás en una cita prometedora, podrías decir: "Siento que esto va muy bien". Pausa. "¿Sientes lo mismo?"

Seis consejos altamente efectivos para negociaciones exitosas

Las negociaciones suelen realizarse con nuestros empleadores o gerentes, pero no se limitan al ámbito profesional. Cuando somos jóvenes, podemos negociar con nuestros padres, y una vez que seamos mayores, podemos negociar con nuestras parejas. La señal de una negociación exitosa es que ambas partes se van satisfechas. La meta de alguien se alcanza y el otro lado no se siente menos por ello. La otra parte puede incluso sentir que es lo mejor. Para asegurarse de que sus negociaciones futuras le proporcionen a usted y a las personas en su vida los máximos beneficios, tenga en cuenta estos consejos.

Habilidades de conversación

1. Haga del tiempo su aliado

Preste mucha atención al estado de ánimo con el que se encuentra la persona con la que está negociando. El tiempo puede hacer toda la diferencia entre un trato exitoso y uno que falla la marca. Si usted trata de negociar con alguien que se apresura a ir a otra cita, que acaba de escuchar malas noticias o que acaba de terminar una discusión acalorada con otra persona, es muy probable que no obtenga la respuesta que desea.

2. No utilice un lenguaje sumiso o débil

Cuando te encuentras en esta situación con un superior, puede ser tentador utilizar un lenguaje sumiso para suavizar tu petición. Antes de empezar a negociar, puede que quieras decir "Odio pedirte esto, pero..." o "Espero que esto no sea demasiado, pero..." para que no parezca tan exigente. Esto puede debilitar su petición. Si el negociador contrario tiene una racha de arrogancia, puede incluso usar su renuncia en su contra y actuar de manera más agresiva. No les den forraje para hacer eso. Sea seguro y asertivo, sabiendo su valor total. Evite actuar con sumisión, pero también evite actuar con derecho. Encontrar un equilibrio entre los dos.

3. Compartir información honesta

Cuando usted se encuentra en esta situación, especialmente en un entorno profesional, puede ser fácil sentir que debe ser protegido. Esto no es verdad. Ser honesto con su empleador u otra figura de autoridad puede ayudarlo en su caso. Por ejemplo, si usted necesita un aumento porque siente que no está recibiendo lo que vale la pena, y quizás ha empezado a tener problemas financieros, esto puede darle a su jefe más incentivos para que le dé lo que usted quiere.

4. Siempre tenga una primera oferta en mente

Estás en una posición vulnerable, así que es natural que te estremezcas al hacer la primera oferta. Usted también puede pensar que es prudente sentir la situación antes de que se emitan los números. Los estudios han demostrado, sin embargo, que los que hacen la primera oferta se acercan más a su objetivo. Si está buscando un aumento, es más probable que obtenga su salario objetivo si tiene una oferta en mente. Esto se debe a que la primera oferta es en lo que giran las negociaciones. En vez de inclinarse hacia la oferta de su empleador, ellos se inclinarán hacia la suya. La primera oferta anclará la situación, así que asegúrate de que sea tuya.

5. Sea valiente con su oferta

Asegúrese de que su oferta no sea demasiado baja. La gente a menudo tiene miedo de pedir demasiado, pero los estudios han demostrado que es más probable que usted tenga una baja probabilidad. Reflexione sobre cuál es su resultado ideal y no se sienta obligado a jugar a lo seguro.

6. Considere lo que ganarían si dijeran "sí".

No puedes entrar en una habitación y hacer demandas. A menos que la otra parte tenga algo que ganar al satisfacer sus demandas, usted puede despedirse de su cooperación. Antes de negociar, considere el alcance de sus ganancias para averiguar cuánto podrá pedir. Esta ganancia puede ser cualquier cosa, desde recibir un mejor rendimiento o esfuerzo de su parte. O tal vez el beneficio es mantenerte en vez de perderte.

No rehúyas usar la conversación para conseguir lo que quieres. La realidad es que todo el mundo lo está haciendo. ¿Y adivina qué? Probablemente tú también lo crees, sólo que inconscientemente. Cuando actuamos subconscientemente, nuestras acciones no están bajo nuestro control y puede ocurrir cualquier cosa. Tome el control ahora y comience a obtener los resultados que desea.

Conclusión

¡Felicitaciones por llegar al final de *Conversation Skills 2.0*! Deberías estar orgulloso de ti mismo y de tus nuevas habilidades. Las interacciones sociales pueden parecer complejas y abrumadoras, pero el nuevo conocimiento que ha adquirido le ha colocado a usted por delante del resto.

No es tan complicado una vez que lo rompes, ¿verdad? Haría bien en recordar las tres grandes recompensas que todos buscamos en nuestras conexiones humanas: seguridad, significado y expansión. Para obtener los mejores resultados, haz que tus nuevos conocidos sientan que pueden confiar en ti, que los aprecias y que tienes la capacidad de expandir sus horizontes de alguna manera, aunque sea a través del humor y el entretenimiento. Todo se basa en estas tres grandes necesidades. Trata de satisfacerlos siempre.

Has aprendido a mostrar un comportamiento agradable y a darte una ventaja en todas las conversaciones en curso. En poco tiempo, estarás iluminando una habitación y atrayendo conexiones como nunca. También ha ganado las herramientas para encender interacciones interesantes, construir magnetismo y desarrollar relaciones más profundas con conexiones nuevas y existentes. Y además de todo esto, te has preparado para escenarios sociales difíciles y has aprendido técnicas de persuasión para una variedad de escenarios sociales.

Recuerde que todo comienza con usted. Aprenda a amarse a sí mismo, a ser fiel a lo que es y a abrazar sus cualidades únicas. Cuando nos sentimos cómodos con lo que somos, dejamos entrar a otros y tenemos más que ofrecerles en nuestras conversaciones diarias. Haga lo que sea necesario para reponer su autoestima y fácilmente se mantendrá en lo más alto en sus interacciones sociales.

Otra enseñanza que quiero que tenga es esta: los seres humanos no son tan difíciles como creen que son. No se acerque a ellos con vacilación o miedo. Son más parecidos a usted de lo que te imagina, simplemente han acumulado diferentes capas.

Habilidades de conversación

Todos podemos ser comparados con cofres de tesoros cerrados, llenos de todo tipo de cosas curiosas y fascinantes. Acércate a otros humanos de la misma manera que lo harías con un cofre del tesoro cerrado; tómate el tiempo para encontrar la llave correcta y no te desanimes si no funciona. Con paciencia, amabilidad, apertura y respeto, trate de experimentar con diferentes maneras de abrir esta caja. Lo que se encuentra dentro podría ser una gran recompensa.

Los seres humanos son animales sociales, por lo que cuando dominamos las habilidades de conversación, las conexiones se amplifican y la autosatisfacción se convierte en la nueva norma. ¿No es una realidad que te gustaría ver?

www.ingramcontent.com/pod-product-compliance
Lightning Source LLC
Chambersburg PA
CBHW031108080526
44587CB00011B/878